Karl-Martin Flüter
(Texte und Fotos)

Das Werk

1913 – 2013 Von der Wagenwerkstätte Nord bis zur DB Fahrzeuginstandhaltung, Werk Paderborn

Eine Veröffentlichung zum 100-jährigen Bestehen des Werks Paderborn

Paderborn 2013

Die Mitarbeiter sind das größte Kapital des Werks Paderborn

Der Stadt Paderborn war es vor 100 Jahren sehr daran gelegen, dass die Bahn ein zweites Werk in Paderborn errichtete. Die 1913 in Betrieb genommene Wagenwerkstätte Nord, das heutige Werk Paderborn der DB Fahrzeuginstandhaltung GmbH, hat die Hoffnungen der Menschen im damals strukturschwachen Hochstift erfüllt. Generationen von Mitarbeiterinnen und Mitarbeitern fanden im Werk einen Ausbildungs- und Arbeitsplatz. Die Kompetenz in der Metall- und Fahrzeugbearbeitung machte den Standort Paderborn für andere metallverarbeitende Betriebe interessant.

Das vorliegende Buch zeichnet die Geschichte des Werks nach und betont die enge Verbindung von Bahn und Region. Es beschreibt auch das moderne Werk mit seinen Schwerpunkten und Kompetenzen in der Fertigung. Selbst wenn Paderborn heute nicht mehr die Eisenbahnerstadt ist, als die sie vor einigen noch Jahren gegolten hat, ist das Werk in Paderborn immer noch eine feste Größe. Seit jeher hat die Ausbildung im Werk einen guten Ruf, gilt ein Arbeitsplatz als sicher.

Das Werk Paderborn hat sich im Lauf der Jahrzehnte immer wieder neuen Herausforderungen stellen müssen, die sich aus den Veränderungen im Bahnverkehr ergaben. Heute ist das Werk ein großer anerkannter und spezialisierter Reparaturbetrieb für Güterwagen und ein bundesweites Kompetenzzentrum für Radsätze.

Dem Werk ist es dank seiner Mitarbeiterinnen und Mitarbeiter gelungen, sich neu aufzustellen. Auch das ist in diesem Buch nachzulesen. Die fachliche Qualifikation und die Identifikation der Mitarbeiterschaft mit dem Standort haben immer wieder in der Werksgeschichte Erneuerungen möglich gemacht. Dafür danke ich allen Kolleginnen und Kollegen und allen ehemaligen Mitarbeiterinnen und Mitarbeitern. Sie waren und sie sind das größte Kapital des Werks Paderborn.

Uwe Reyer
Leiter Werk Paderborn, DB Fahrzeuginstandhaltung GmbH

Auch in Zukunft vertrauensvoll und offen zusammenarbeiten

Das Werk Paderborn kann in diesem Jahr auf eine 100-jährige Geschichte zurückblicken.

Dieses Jahrhundert Werkshistorie kann als die Geschichte einer redlichen, zuverlässigen und engagierten Belegschaft erzählt werden, so wie das in dem vorliegenden Band „Das Werk" gelungen ist. Das Buch beschreibt, wie die Mitarbeiterinnen und Mitarbeiter den Weg des Werks zu allen Zeiten gemeinsam zurückgelegt haben.

Ihnen allen, die zum Wachsen, Werden und Sein des Werkes Paderborn beigetragen haben, gelten unser Dank und unsere Anerkennung.

Wir zeigen uns nicht nur beeindruckt von einer 100-jährigen Tradition, sondern haben den Ansporn, auch in Zukunft in vertrauensvoller und offener Zusammenarbeit zum Wohle aller Kolleginnen und Kollegen und des Werkes Paderborn weiterzuwirken.

In der Zukunft werden wir, zusammen mit der leistungsfähigen und -willigen Arbeitnehmerschaft, unsere Kraft weiterhin zur Sicherung und Erhaltung der Arbeitsplätze einbringen und die Geschicke des Werkes Paderborn gemäß der geltenden Gesetze und Tarifverträge sozialverträglich mitgestalten und -bestimmen.

Wir werden die Zukunft gemeinsam wahrnehmen und dabei Erfolg haben.

Dem Werk Paderborn und uns Beschäftigten ein herzliches „Glück auf".

Für den Betriebsrat

Günter Schernus
Vorsitzender des Betriebsrats im Werk Paderborn

INHALT

Das Werk
Die Geschichte des Werks von 1913 bis in die Gegenwart ...8

Der letzte Bundesbahner
Erinnerungen an Werkleiter Wolfgang Arnicke ...20

Ein Werk für die Zukunft
Das Werk heute: klares Profil und innovative Dienstleistungen ...24

Menschen im Werk
Thomas Schnitzmeier, Leiter Güterwagen und Drehgestelle ...36

So gut wie neu
Die Radsatzwerkstatt ...38

Menschen im Werk
Karl-Heinz Schliebs, Meister in der Radsatzfertigung ...48

Handwerk hat Zukunft
Die Komponentenwerkstätten ...50

Menschen im Werk
Norbert Driller und Oliver Sobeck, Endabnahme ...56

Die Vermittler
Die Materialwirtschaft ...58

Menschen im Werk
Silke Böddeker, Leiterin Lager & Logistik ...66

Der Blick nach vorne
Die Ausbildungswerkstatt ...68

Ansicht des Werks aus dem Jahr 1928
Foto: Stadtarchiv Paderborn / Werk Paderborn

Momente
Schwere Arbeit, stille Idylle. Historische Fotos aus dem Werk ...82

Generationenvertrag
Wie die Arbeit im Werk von Generation zu Generation vererbt wurde und wird. ...88

Menschen im Werk
Gerhard Meier, Gruppenführer Strahlkabinen ...98

Die große Familie Bahn
Vom Eisenbahnerverein zum Bahn-Sozialwerk ...100

Pioniere
Die Amateurfunker im Bahn-Sozialwerk ...118

Eisenbahneridylle
Die Modellbaugruppe Flügelrad 79 ...122

Menschen im Werk
Hans-Rainer Hoffmann, DB Services ...126

Nach der Arbeit zum gemeinsamen Sport
Der Eisenbahnersportverein ...128

Menschen im Werk
Burkhard Griese, Gruppenführer ...134

Musikalisches Aushängeschild
Das Blasorchester des Bahn-Sozialwerks ...136

Anhang
Impressum, Danksagung, Anmerkungen ...146

Das Werk

Die Geschichte des Werks Paderborn von 1913 bis in die Gegenwart

Die Bauleute, die 1912 die große Wagenrichthalle der neuen Wagenwerkstätte Nord errichteten, haben vermutlich nicht daran gedacht, dass in diesem Bauwerk ein gutes Jahrhundert später das große Jubiläum des

Werks gefeiert werden würde. Viele Generationen von Arbeitern aus Stadt und Land haben in diesen Mauern Arbeit gefunden. Ohne das Werk wäre die Geschichte der Eisenbahnerstadt Paderborn nicht denkbar.

Foto: Stadtarchiv Paderborn / Kleinsorge

EIN AKT DER WIRTSCHAFTSFÖRDERUNG

Als die Wagenwerkstätte Nord am 10. Juli 1913 zunächst teilweise den Betrieb aufnahm, endete damit eine jahrelange Vorgeschichte. Es war anfangs alles andere als sicher gewesen, dass Paderborn Standort eines neuen Eisenbahnwerks in Westfalen werden würde. Soest und Lippstadt galten als ebenso aussichtsreiche Bewerber, vor allem weil sie näher am Ruhrgebiet lagen, dem industriellen Zentrum des deutschen Kaiserreichs.

Es waren mehrere Gründe, die den Ausschlag für Paderborn gaben. Dazu gehörten die städtische Wirtschaftspolitik und die gute Vernetzung Paderborns mit Entscheidungsträgern im Berliner Verkehrsministerium und bei der Eisenbahn-Direktion Kassel.

Otto Plaßmann, der Paderborner Bürgermeister, war ein tatkräftiger und wirtschaftsnaher Mann. Er hatte die Bedeutung eines zweiten Eisenbahnwerks früh erkannt. Spätestens seit 1904 betrieb er in einem Akt energischer Wirtschaftsförderung die Ansiedlung des Werks.

Die Stadt kaufte planmäßig landwirtschaftliche Flächen im Norden der Stadt auf, um sie für das neue Werk zur Verfügung zu stellen. Das 19 Hektar große Gelände lag fast zwei Kilometer vor den Toren der Altstadt neben der 1902 in Betrieb genommenen Bahnstrecke nach Bielefeld. Für den Erwerb der Grundstücke und deren Erschließung nahm der Magistrat der Stadt ein Darlehen von 230.000 Mark bei der Darlehensbank der Provinz Westfalen auf.

Die Paderborner konnten sich auch auf gute Beziehungen verlassen. Ihr wichtigster Ansprechpartner war der in Paderborn geborene Hermann Kirchhoff, der als Ministerialdirektor im Berliner Verkehrsministerium maßgeblichen Einfluss auf die Standortvergabe hatte.

Es traf sich gut, dass Kirchhoff einen Schwager hatte, der in der Leitung der Eisenbahn-Direktion Kassel tätig war. Gustav Schulz war unter anderem für das Streckennetz um Paderborn verantwortlich – sehr wahrscheinlich, dass auch er sich für die Geburtsstadt seiner Frau ins Zeug legte.

Die Paderborner bedankten sich posthum mit zwei Straßenbenennungen bei den „Vätern" des Werks. Die zum Werk führende Straße trägt den Namen von Hermann Kirchhoff, unweit des Werks findet sich die „Gustav-Schulz-Straße".

PADERBORN: DIE STADT DER EISENBAHNER

Für Paderborn sprach noch ein drittes gewichtiges Argument. In der Stadt hatte sich im Laufe der letzten Jahrzehnte ein vergleichsweise großes Potential an gut ausgebildeten industriellen Facharbeitern herausgebildet, die über spezielle Eisenbahnerfahrung verfügten. Sie konnten 1913 zum Teil in das neue Werk wechseln, das deshalb personaltechnisch nicht bei null anfangen musste.

> Otto Plaßmann, der Paderborner Bürgermeister, war ein tatkräftiger und wirtschaftsnaher Mann. Er betrieb früh die Ansiedlung des Werks.

Die Wagenwerkstätte im Bau. Postkartenmotiv.
Foto: Stadtarchiv Paderborn/Ansichtskartensammlung

Gustav Schultz

Hermann Kirchhoff

Fotos: Werk Paderborn

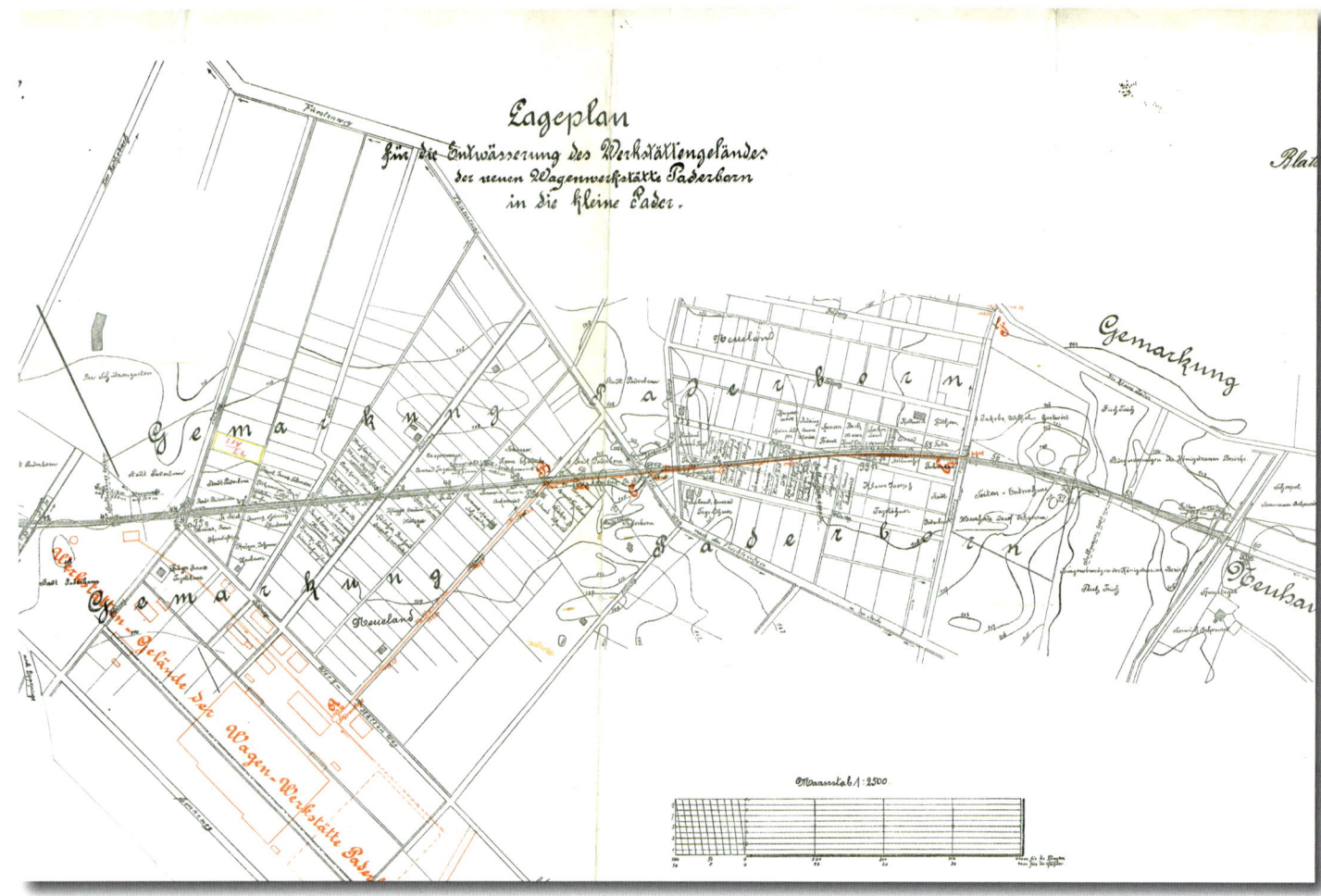

Einer der ältesten erhaltenen Pläne des Werks. Die Zeichnung stammt aus dem Jahr 1911.
Foto: Stadtarchiv Paderborn / Werk Paderborn

Paderborn war seit dem Anschluss an das Eisenbahn-Streckennetz 1850 und der Gründung der „Hauptwerkstätte der Königlich Westfälischen Eisenbahn" im Jahre 1858 eine Eisenbahnerstadt.

Die Bahn bot den Menschen aus der Stadt und den Dörfern des verarmten Hochstifts eine wirtschaftliche und soziale Perspektive. Die Eisenbahner bildeten eine neue soziale Klasse, die selbstbewusster auftreten konnte als die Gesellen in den kleinen familiären Betrieben. Die Bahn war etwas von außen, sie war unabhängig von den alten Traditionen der Stadt.

Aus dem neuen Gefühl von Unabhängigkeit erklären sich, dass soziale und politische Reformideen bei den Bahnern verbreiteter waren als sonst in der Bevölkerung. So waren es Mitarbeiter der Bahn, die den Spar- und Bauverein Paderborn gründeten, weil sie gesunde Wohnungen für ihre Familien bauen wollten. Sogar Parks und Bibliotheken waren in den Planungen vorgesehen!

DIE ERSTEN JAHRE: GUTE AUFTRAGSLAGE UND ARBEIT IM FLIESSTAKT

Diese neue Klasse der Industriearbeiter blieb wichtig für die Paderborner Entwicklung. Mit der Inbetriebnahme der Wagenwerkstätte Nord, später Reichsbahnausbesserungswerk (RAW) Nord, erhöhte sich ihre Zahl rasch. Das neue Werk begann mit 548 Männern. Der Personalbestand kletterte schnell bis auf die Höchstmarke von 1.650 Mitarbeitern im Jahr 1919. Das war eine Folge des Krieges. Das Militär brauchte Eisenbahnwagen und das neue Werk war spezialisiert auf die Ausbesserung von Personen- und Güterwagen.

Die gute Auslastung des RAW Nord setzte sich in der Weimarer Republik fort – trotz Inflation und politischer Krisen. 1928 wurde eine ganze Werkhalle aus Breslau nach Paderborn versetzt, um die Produktionsflächen zu vergrößern: die „Breslauer Halle".

In diesen Jahren stellte das Werk die Produktion um. Seit 1913 hatte man im Werk

Einfahrt ins Werk. 1962 fiel diese ursprüngliche Gestaltung dem Umbau des Pförtnerhauses zum Opfer. Der gesamte Eingangsbereich wurde im Stil der 1960er Jahre erneuert.
Foto: Stadtarchiv Paderborn / Werk Paderborn

im „Standverfahren" an den Wagen gearbeitet. Die Fahrzeuge wurden im Werk aufgebockt. Die verschiedenen Arbeitstrupps nahmen an diesen Ständen alle Arbeiten nacheinander vor.

Das änderte sich ab 1928. Im neuen Fließtaktverfahren gingen die Arbeiter nicht mehr zu den Wagen, sondern sie arbeiteten in festen Arbeitsständen. Die Wagen rollten an ihnen vorbei. Dazu koppelte man die Fahrzeuge zu einem Zug zusammen. War der Arbeitsablauf auf eine Taktmenge von zwei Wagen eingerichtet, so wurde der Zug immer nach einer vorgegebenen Taktzeit um jeweils zwei Fahrzeuge vorgezogen. In dieser Zeit mussten alle Arbeiten an den einzelnen Arbeitsständen beendet werden.

Das neue Verfahren erleichterte die Abläufe im Werk und beschleunigte die Durchlaufzeit der Fahrzeuge. Bis heute wird im Werk Paderborn nach einem an moderne Erfordernisse angepassten Fließtakt produziert.

Eine weitere Änderung hat ebenfalls bis heute Bestand. Seit 1932 ist das Werk Nord ein reines Güterwagenwerk.

WENN ES DER BAHN SCHLECHT GEHT, GEHT ES AUCH DER STADT SCHLECHT

Trotz aller Innovationen: Mit der Weltwirtschaftskrise schlug die Stimmung auch im Ausbesserungswerk Nord um. Die Deutsche Reichsbahn entließ bis 1932 mehrere hundert Mitarbeiter der Paderborner Werke. Im Mai 1932 fielen der größten Entlassungswelle 400 Arbeitsplätze zum Opfer.

Für die Eisenbahnerstadt Paderborn war das ein Schock. Sie wussten: Wenn es den Eisenbahnwerken schlecht geht, geht es auch der Stadt schlecht. In der Stadtverordnetenversammlung – vergleichbar dem heutigen Stadtrat – warnten Redner vor den sozialen und wirtschaftlichen Folgen. Schließlich sei mehr als ein Viertel der Paderborner bei der Bahn beschäftigt

Nazipomp: Vorstellung eines im Werk hergestellen Segelfliegers. Im Hintergrund das Hakenkreuz im Flügelrad, dem Symbol der Deutschen Reichsbahn.
Foto: Stadtarchiv Paderborn / Werk Paderborn

DIE NAZIZEIT: DIE LEIDEN DER ZWANGSARBEITER

Die Wirtschaftslage besserte sich, als Hitler an der Macht war. Auch wenn die Zeitgenossen das glaubten: An ihm lag es nicht, dass die Personalzahlen ab 1935 stiegen. Doch die Nazis profitierten von der Entwicklung.

Frühere Mitarbeiter, die sich auf eine Stelle in ihrem alten Werk bewarben, stießen auf neue Schwierigkeit. Josef Kivelitz, Mitarbeiter im Werk am Hauptbahnhof, hat das in einem Buch geschildert. Von großem Vorteil wäre es für ihn gewesen, der SA anzugehören, so Kivelitz. Doch das SA-Büro war an dem Tag, als er die Mitgliedschaft oder Angehöriger eines Bahnmitarbeiters. Kommunalpolitiker und Stadtverwaltung schickten Protesttelegramme an den Vorstand der Bahngesellschaft und den Reichsarbeitsminister.

beantragen wollte, geschlossen. Kivelitz, katholisch und sicherlich kein Nazi, deutete das als Zeichen. Er suchte nie wieder die Nähe der SA. Ein bisschen Opportunismus war trotzdem notwendig. Erst nachdem er für eine nationalsozialistische Unterorganisation Beiträge eingesammelt hatte, wurde er im März 1934 wieder eingestellt.

Die strukturelle Einbindung in die Organisation der Reichsbahn machte die Werke offen für die Einflüsse der nationalsozialistischen Funktionsträger, die sich nach der Machtergreifung schnell zentraler Institutionen wie der Bahn bemächtigt hatten.

Das zeigte sich beispielsweise im Alltag der Lehrwerkstatt. Dort wurden Angehörige der Hitlerjugend bevorzugt als Lehrlinge aufgenommen. Der Umgangston war militärisch geprägt und begann frühmorgens mit einem Appell. Bahnferne Langzeitprojekte wie der Bau von Segelfliegern bestimmten den Alltag der Lehrlinge. Die Flugzeuge wurden mit nazitypischem Pomp in der Wagenrichthalle vorgestellt.

Die Kehrseite zeigte sich nach dem Beginn des II. Weltkriegs. Die Historikerin Christa Mertens hat 2005 im Auftrag der Stadt Paderborn eine Dokumentation über die Zwangsarbeit veröffentlicht. Die Arbeit enthält detailliertes Zahlenmaterial zum Reichsbahnausbesserungswerk Nord.

Die Reichsbahn, vor allem die beiden Werke, beschäftigte mit Abstand die meisten Zwangsarbeiter in Paderborn. Schon 1941 arbeiteten 90 Zwangsarbeiter aus Polen und Holland in den Werken. Im April 1942 kamen die ersten „Ostarbeiter" aus Russland nach Paderborn, im November des Jahres waren bereits „240 männliche Russen" im Ausbesserungswerk Nord „lagermäßig" untergebracht. Das sogenannte „Ostarbeiterlager" befand sich in der Hermann-Kirchhoff-Straße 40: vier Baracken, die am Nordrand des Werks im Quadrat zueinander standen.

1944 arbeiteten 808 Zwangsarbeiter im Reichsbahnausbesserungswerk Nord: eine Quote von mehr als 40 Prozent!

Der Anteil der Ausländer im Werk stieg bis 1944 ständig an. In diesem Jahr arbeiteten 1074 deutsche und 808 ausländische Arbeiter – „Ostarbeiter", „Ostarbeiterinnen" und Kriegsgefangene – im Werk, eine Quote von mehr als 43 Prozent! In Tudorf hatte das Werk ein Kriegsgefangenenlager für 150 russische Kriegsgefangene eingerichtet.

Die Zwangsarbeiter wurden als Menschen zweiter Klasse behandelt. Verstießen sie gegen die harten Auflagen, drohten ihnen drakonische Strafen. Die hygienischen Bedingungen, unter denen sie leben mussten, waren schrecklich. Die Menschen litten unter ständigem Hunger. Josef Siemensmeyer, damals Lehrling im Werk, erinnert sich an hungrige Zwangsarbeiter, die die Lehrlinge nach der Mittagspause um Essensreste anbettelten.

Die Arbeit im Werk barg für die entkräfteten und unerfahrenen Zwangsarbeiter

Zivilarbeiter nannte man während der Nazizeit die Zwangsarbeiter beschönigend. 1944 bestand fast die Hälfte der Belegschaft aus Zwangsarbeitern.
Abbildung: Flüter

Das Kesselhaus. Bis 1967 prägten große Kohlehalden die Fläche um das Gebäude. Die Kohle wurde über eine Förderanlage zu den Brennern transportiert. 1967 stellte das Werk die Anlage auf schweres Heizöl um, in den 1990er Jahren auf Gas. Anfang des neuen Jahrhunderts wurde die Heizung im Werk dezentralisiert.
Foto: Stadtarchiv Paderborn / Werk Paderborn

viele Risiken. Unfälle, auch tödliche, kamen häufig vor – und natürlich waren die Zwangsarbeiter den Bombenangriffen von alliierten Flugzeugen ausgesetzt.

Das Ausbesserungswerk Nord – auf dessen Gelände heute noch einer von ehemals drei großen Luftschutzbunkern Paderborns steht – wurde vom Schicksal des Werks am Hauptbahnhof verschont, das 1945 fast komplett den Bombenangriffen zum Opfer fiel. Kleinere Fliegerangriffe richteten im Werk Nord vergleichsweise geringen Schaden an. Todesopfer waren auch hier zu beklagen.

Weil das Werk kaum beschädigt war, wurde es in den Monaten nach dem Kriegsende enorm wichtig. Sehr früh setzte die Produktion von dringend benötigten Personen- und Güterfahrwagen ein. Es wurde wieder investiert. 1946 richtete das Werk eine Lehrschweißerei ein, 1956 die erste Entrostungsanlage.

Bau des neuen Sozialgebäudess Ende der 1950er Jahre
Foto: Stadtarchiv Paderborn / Werk Paderborn

Ende der 1950er Jahre kündigten sich große Änderungen an. 1960 schloss das ältere Werk der Deutschen Bundesbahn am Hauptbahnhof. Die Mitarbeiter wechselten größtenteils ins Paderborner Schwesterwerk.

Schon seit 1958 hatten dort große Baumaßnahmen stattgefunden, um das Werk auf die neuen Mitarbeiter vorzubereiten. Die ehemalige Kantine wich einem neuen Sozialgebäude.

Die Belegschaft stieg auf fast 2.000 Köpfe. Im Laufe des folgenden Jahrzehnts reduzierte sich die Zahl kontinuierlich. Mitte der 1960er Jahre, als die Bundesrepublik von der ersten kleineren Wirtschaftskrise geschüttelt wurde, zählte das Werk 1.500 Beschäftigte, um danach innerhalb weniger Jahre auf einen Sockel von 1.700 zu klettern. Erst Anfang der 1980er Jahre sank die Belegschaftsgröße wieder unter 1.500 Mitarbeiter.

DAS WERK
PADERBORN

Nicht nur wegen der Werksschließung und der Übernahme der Kollegen veränderte sich das Ausbesserungswerk Nord. Die 1960er und 1970er Jahre waren Jahrzehnte der Modernisierung. Das fiel schon am Werkseingang ins Auge: 1962 wurde das Pförtnerhaus erneuert. Der Schornstein der Heizkesselanlage fiel, nachdem er wegen der Umstellung von Steinkohle auf schweres Heizöl überflüssig geworden war. Der Schlauchturm am Feuergerätehaus erlitt 1974 das gleiche Schicksal, weil die Werksfeuerwehr ein neues Gebäude erhielt. Die Breslauer Halle wurde verkürzt, um einer 23 Meter breiten Schiebebühne im Außenbereich Platz zu machen. Eine weitere Schiebebühne war schon 1960 an der Nordseite des Werks in Betrieb genommen worden.

VERTRAUEN IN DIE EIGENE LEISTUNGSSTÄRKE

1965 folgte mit Wolfgang Arnicke ein neuer Werkleiter auf den scheidenden Fritz Heyse. 23 Jahre lange prägte er das Ausbesserungswerk Paderborn, wie es jetzt offiziell hieß. Arnicke schaffte, das Werk durch zusehends schwieriger werdende Zeiten zu führen. Wie eine nicht ausgeheilte Infektion brach in periodischen Abständen die Angst vor einer Schließung des Werks wieder aus. Der Siegeszug des Autos im Privat- und im Frachtverkehr traf die Bahn mit voller Wucht. Immer mehr Werke mussten schließen, weil immer weniger Personen- und Güterwagen auf der Schiene rollten.

Als die Bahn AG 1994 kam, war Paderborn Standort eines der letzten 50 verbliebenen Werke. Doch der Veränderungsdruck hielt

an. Unternehmensberater von Roland Berger stellten das Werk auf den Kopf. Der stete Spardruck wurde allenthalben sichtbar: Die Heizkesselanlage fiel ihm zum Opfer genauso wie die Feuerwehr, die ihre Dienste nach fast einem Jahrhundert einstellen musste. Selbst das Blasorchester durfte nicht mehr während der Arbeitszeiten proben.

Heute, 100 Jahre nach der Gründung, geht es dem Ausbesserungswerk und seinen etwa 600 Mitarbeitern besser als zuvor. Als Spezialist für Instandhaltung, Umbau,

75-Jahr-Feier im Jahr 1988, Festakt in der großen Wagenrichthalle
Foto: Werk Paderborn

Modernisierung und Full Service für Güterwagen hat das Werk innerhalb der elf Werke der DB Instandhaltung GmbH ein fest umrissenes Leistungsprofil und eine feste, klar abgegrenzte Position. Das verdankte es auch der kontinuierlichen Politik der Werksleitung. Auf Arnicke folgten Otfried Zillessen, Friedemann Hein und Roland Alliger. Seit 2012 leitet Uwe Reyer das Werk.

Als Wagenwerkstätte, Ausbesserungswerk Nord und Werk Paderborn der DB Fahrzeuginstandhaltung GmbH ist das Werk zu einem Teil der Paderborner Geschichte geworden. Die Paderborner, die die Wagenwerkstätte damals mit allen Mitteln in ihre Stadt geholt haben, hatten Recht mit ihrem Eifer. Ein Jahrhundert lang hat das Werk Stadt und Land wirtschaftlich geprägt und die Industrialisierung der Region vorangetrieben. Über viele Generationen hat es den Menschen Brot und Arbeit gegeben. Die Paderborner wissen das. Sie können sich ihre Stadt ohne das „Ausbesserungswerk" nicht vorstellen. Das Werk war schon immer da und es wird immer bleiben. Mindestens noch 100 Jahre.

Der letzte Bundesbahner

23 Jahre leitete Wolfgang Arnicke das Ausbesserungswerk Paderborn. Er war ein Werkleiter alten Schlags, der das Werk dennoch in die Zukunft führte. Arnicke betonte in der Öffentlichkeit die Bedeutung des Werks für die Stadt Paderborn und kämpfte erfolgreich um die Erhaltung des Standorts. Bis heute kursieren im Werk unendlich viele Geschichten über den charismatischen Werkleiter, der wie kein anderer die alte Bundesbahn verkörperte.

In der Öffentlichkeit war Arnicke eine bekannte Persönlichkeit. Pressefotos zeigten ihn oft neben dem Paderborner Erzbischof und dem Bürgermeister. Auch auf dem Foto, das während des Festaktes zum 75. Gründungstag des Werks entstand, sitzen Arnicke und seine Frau Hannelore zwischen Bürgermeister Wilhelm Lüke (links) und Erzbischof Johannes Joachim Degenhardt, der sich offensichtlich sehr angeregt mit Arnicke unterhält.
Foto: Werk Paderborn

DER LETZTE IN DER LANGEN REIHE VON WERKSPATRIARCHEN

1965 kam Wolfgang Arnicke zum ersten Mal nach Paderborn. Der Diplom-Ingenieur für Maschinenbau und Fahrzeugtechnik trat seine Stelle als Technischer Abteilungsleiter im Ausbesserungswerk Nord nicht ganz freiwillig an. Ursprünglich hätte er auch eine gutdotierte Stelle in der Esso-Zentrale in Hamburg haben können, war aber aus Liebe zur Bahn Mitarbeiter der Bundesbahndirektion geworden – und jetzt hatte man ihn in die Provinz versetzt.

Doch die Enttäuschung hielt nicht lange vor. Arnicke wurde bald ein überzeugter und beliebter Paderborner. Als er 1970 zum Bundesbahn-Zentralamt nach Minden wechselte, verabschiedeten ihn die Schützen mit einem Ständchen. 1972 kehrte Arnicke als Werksleiter zurück, nachdem er zuvor als jüngster Werkdirektor die Leitung des Werks Braunschweig inne gehabt hatte. Er bezog die für ihn reservierte Wohnung in der Villa auf dem Werksgelände – als letzter Werksleiter, der dort wohnen würde. Wie viele andere Traditionen im Ausbesserungswerk Nord endete auch diese, als Wolfgang Arnicke in den Ruhestand ging.

Die Paderborner Werksleiter waren immer starke, patriarchalische Typen: unangefochten in ihrer Autorität, sozial engagiert für ihre Mitarbeiter, Paderborner Prominenz. Arnicke wurde der Letzte dieser langen Reihe eindrucksvoller Gestalten. Wie die Vorgänger interpretierte er seine berufliche Aufgabe wie ein Vater, der für alles verantwortlich ist, alles entscheidet, aber auch über Fehler und Mängel hinwegsehen kann - zwar eingebunden in die Hierarchie der Bundesbahn, doch mit vielen Freiräumen im eigenen Werk.

Seine Erfolge als Manager stärkten Arnickes Position. Er nutzte seine guten Beziehungen innerhalb der Bahn, aber auch zu Unternehmen wie Krupp oder der französischen SNCF. Sogar mit der Reichsbahn in der DDR machte der gewiefte Verkäufer gute Geschäfte.

In Paderborn legte er Wert darauf, das Werk in der Öffentlichkeit gut zu präsentieren. Der beste Öffentlichkeitsarbeiter war der Werkdirektor selbst. Bald war es Standard: Wenn in Paderborn die Prominenz zusammenkam, stand beim Pressefoto immer Wolfgang Arnicke neben dem Bürgermeister und dem Erzbischof.

Bei seinem Einsatz für das Werk nutzte Wolfgang Arnicke sein kommunikatives

Talent. Kaum jemand war so gut vernetzt wie er. Er war Ehrenunteroffizier der Paderborner Schützen, Ordensträger der „Närrischen Paderstadt", Ehrenmitglied der Stadtheide-Vereinigung und Mitglied im Kuratorium des St. Johannistiftes. Überall kannte er die richtigen Leute, überall war er bekannt. Im Sommer verging kaum ein Wochenende, das den Werkdirektor nicht auf einem Schützenfest der Umgebung sah – nicht nur in Paderborn, sondern auch in Wewer, Elsen, Schloß Neuhaus, Neuenbeken oder Benhausen, den Orten, aus denen seine Mitarbeiter stammten.

Bei seinen Gastgebern war er geschätzt, weil er seinen Worten Taten folgen ließ. So mancher kleine Umbau auf einem Schützenplatz wurde vom Werk aktiv unterstützt. Zur Landesgartenschau errichtete das Werk Pavillons. Einmal im Jahr kamen Kinder aus einem Integrativen Kindergarten zu Besuch ins Werk – und fuhren reich beschenkt heim.

Am wichtigsten aber waren Arnicke die Mitarbeiter. Für sie tat er alles. Als beim Bahn-Sozialwerk, beim Eisenbahner-Sportverein und bei der Blaskapelle ließ er seinen Einfluss spielen. Das kam an im Werk, weil Arnicke authentisch blieb – ein Chef nah an den Mitarbeitern, der vor emotionalen Gesten nicht zurückschreckte. Während der Weihnachtsfeiern in der großen Wagenrichthalle ging er zu den Klängen der Blaskapelle durch die Reihen, drückte Hände und sprach mit Kollegen. Eine Szene wie aus dem Kino. Aber die Mitarbeiter nahmen ihm dieses aufrichtige Interesse ab.

Wenn die Existenz des Werks bedroht schien, lief der Werkleiter zu Höchstleistungen auf. Die Zeitungsordner aus den 1980er Jahren sind voll von Presseberichten über Politiker, die Arnicke nach Paderborn holte. Sie alle mussten Farbe bekennen: Ist das Werk gefährdet? Das ging so lange, bis Bundesverkehrsminister Werner Dollinger ankündigte, das Werk Paderborn habe eine Garantie auf das Weiterbestehen. Die Berichterstattung brach so abrupt ab, als hätte es dieses Thema nie gegeben. Die Pressekampagne hatte Erfolg gehabt.

Die Jubiläumsfeierlichkeiten 1988 waren der Höhepunkt dieser Ära. Danach veränderte sich alles. Der Ostblock kollabierte innerhalb einiger Monate. Dann wollte die Bundesbahn plötzlich kein Staatsunternehmen mehr sein. Doch in einer Aktiengesellschaft hätte einer wie Arnicke keinen Platz gehabt. Er war ein Mann der alten Bundesrepublik und ein Staatsbeamter durch und durch. Im August 1995 zog er sich in den Ruhestand zurück. Den Abschied gestaltete er so, wie er das Werk geleitet hatte: mit starken Emotionen und einer persönlichen Rede vor den Mitarbeitern. Er konnte erhobenen Hauptes gehen. Das Werk hatte die gewaltige Sanierungswelle überlebt, bei der die Zahl der Werke von 150 auf 50 geschrumpft war. Zu Arnickes Abschied gab es zudem eine Bestandsgarantie vom Bahnvorstand.

Wolfgang Arnicke blieb noch einige Zeit von Sozialwerk und Sportverein, musste als Außenstehender erleben, wie sich seine Bahn veränderte und das Werk Arbeitsplätze verlor. 2004 erhielt er das Bundesverdienstkreuz. Danach zog er sich immer mehr aus der Öffentlichkeit zurück. Im September 2012 ist er 82-jährig gestorben, Paderborns letzter Bundesbahner.

> Arnicke war ein talentierter Netzwerker, der überall gute Beziehungen hatte. Dem begabten Kommunikator konnte niemand widerstehen.

Starke Gesten lagen ihm: Wolfgang Arnicke (rechts) erklärt Gästen das Werk.

Der Chef war der beste Öffentlichkeitsarbeiter, auf dem Foto mit einem Kamerateam des WDR, links WDR-Reporter Michael Thamm.

Ein Werk für die Zukunft

Das Werk Paderborn heute: klares Profil und innovative Dienstleistungen

100 Jahre nach der Gründung ist das Werk Paderborn ein großer, spezialisierter Reparaturbetrieb für Güterwagen. 3.200 Wagen werden im Werk jährlich instand gesetzt. Ein großer Kreislauf bestimmt die Fertigung: Verschlissene

Das Werk Paderborn: Deutlich zu erkennen sind die große Wagenrichthalle und die vorgelagerte kleine Wagenrichthalle. Beide Gebäude wurden schon im Gründerjahr 1913 in Betrieb genommen. Vor allem die große Wagenrichthalle dominiert das Werk. Sie nimmt die Fläche von elf Fußballfeldern ein.
Foto: DB Fahrzeuginstandhaltung, Werk Paderborn

Bauteile werden aufgearbeitet und wiederverwendet. Die technologische Kompetenz und Erfahrung bei der Güterwagenbearbeitung sprechen für das Paderborner Werk, das optimistisch in die Zukunft blickt.

DAS WERK PADERBORN

EINE GUTE ADRESSE FÜR ANSPRUCHSVOLLE ARBEITEN AN GÜTERWAGEN

Lange, mennigrote Spezialwagen für Schüttgut stehen auf den Gleisen vor der großen Wagenrichthalle in der Sonne. Bislang wurde mit ihnen Getreide gefahren, in Zukunft sollen sie Salz transportieren. Doch das geht nicht so einfach. Erst müssen sie für die neue Aufgabe „ertüchtigt" werden, wie es in der bahninternen Fachsprache heißt. Deshalb stehen sie hier: Wenn es um anspruchsvolle Arbeiten an Güterwagen geht, ist das Werk Paderborn eine der ersten Adressen in Deutschland.

„Feuchtigkeit und Salz sind für jedes Material eine verhängnisvolle Mischung", sagt Thomas Schnitzmeier, Leiter der „Produktion Güterwagen und Drehgestelle" im Werk Paderborn. Er steht vor einem der ehemaligen Getreidetransporter und zeigt auf die Stellen, die besonders anfällig sind. Lager und Hebel, Antriebsräder und Drehgestelle. „An vielen Stellen rüsten wir diese Teile auf Edelstahl um", sagt er, „das verhindert die Korrosion."

Auch der jetzige Anstrich hält den zukünftigen Anforderungen nicht stand. Er wird deshalb durch rostabweisende Farbe ersetzt. Die neue „Dickschicht" schützt Seitenwände, Boden und das schwenkbare Dach. Das Werk Paderborn ist spezialisiert auf solche Umbauten inklusive Farbauftrag.

Zwei bis drei ehemalige Getreidetransporter werden jeden Tag durch das Werk geschleust. Der Salzumbau ist ein guter Auftrag. 2012 hatte das Werk Paderborn zwei Musterwagen für Kunden „salzertüchtigt" und sich damit bei der Vergabe gegen private Mitbewerber durchgesetzt. Das Werk braucht derartige Aufträge, auch

„Salzumbau" in der kleinen Wagenrichthalle

Das Werk Paderborn

Das Werk Paderborn beschäftigt heute etwa 650 Mitarbeiterinnen und Mitarbeiter sowie 60 Auszubildende.

Im Jahr werden 3.200 Güterwagen und 28.000 Radsätze instand gesetzt, 900 Fahrzeuge werden gestrahlt und lackiert.

Das Werk nimmt eine Fläche von fast 21 Hektar ein. Fast ein Drittel ist bebaut. Die schon 1913 in Betrieb genommene große Wagenrichthalle umfasst eine Grundfläche von elf Fußballfeldern. Auf dem Werksgelände verlaufen Gleisanlagen mit einer Gesamtlänge von fast 15 Kilometern.

um den Kunden das aktuelle Leistungsvermögen zu präsentieren.

Die Kehrseite ist die enge Terminierung. 179 Fahrzeuge werden innerhalb weniger Monate in Paderborn den „Salzumbau" erleben. Das ist eine enge Zeitvorgabe. Der Salzmarkt boomt und der Auftraggeber braucht die Wagen schnell.

Der Umbau der Getreide- zu Salzguttransportern ist auch deshalb typisch, weil er nach einer Ausschreibung vergeben wurde. Die Zeiten, in denen Aufträge zentralistisch von der Bahnzentrale vergeben wurden, sind längst vorbei. Ohne Orientierung an den Markt geht es heute nicht mehr. Die Paderborner müssen sich gegen andere Werke und private Mitbewerber durchsetzen. Dabei kann sich das Werk Paderborn auf seine beträchtliche Leistungsstärke verlassen: gut ausgebilde-

Drehgestellwerkstatt im Werk Paderborn

te Mitarbeiter, die vorhandene Technologie und eine beachtliche Fertigungstiefe.

EIN GROSSER REPARATURBETRIEB FÜR GÜTERWAGEN

Auch wenn von Fertigung oder Produktion die Rede ist: Das Werk Paderborn ist eigentlich ein Dienstleister, ein großer Reparaturbetrieb, in dem Güterwagen untersucht und aufgearbeitet werden. „Wir sind spezialisiert auf Fahrzeuge mit einem umfangreichen Instandsetzungsbedarf, einschließlich Blech- und Farbarbeiten", sagt Thomas Schnitzmeier. Selbst komplette Umrüstungen von Wagenaufbauten gehören zum Alltag im Werk.

Fast immer geht diesen Reparaturen die „Revision" voraus, ein Güterwagen-Check,

DAS WERK
PADERBORN

bei dem die „Abzehrung" der Fahrzeuge festgestellt wird. Die meisten der etwa 85.000 Güterwagen auf deutschen Gleisen waren wegen dieser regelmäßigen Überprüfung schon in Paderborn.

Die regelmäßig alle sechs Jahre stattfindende Revision ist nur begrenzt vergleichbar mit dem TÜV für Pkw. Während ein halbwegs gepflegtes Auto ohne Reparaturbedarf vom TÜV entlassen wird, führt die Revision immer zu weitergehenden Arbeiten. Ohne größere Eingriffe geht es nicht, allein schon um den Zustand der Bauteile beurteilen zu können.

Bremsen, Radsätze, Lage: Alles wird ab- und auseinandergenommen. Die Mitarbeiter an den Arbeitsgleisen entfernen sogar die tonnenschweren Drehgestelle unter den Fahrzeugen.

DIE BAUTEILE WERDEN IN KOMPONENTENWERKSTÄTTEN AUFGEARBEITET

Die Bauteile gehen in die Komponentenwerkstätten und werden so in einen großen werkinternen Kreislauf eingespeist. In den Werkstätten untersuchen Fachleute Radsätze, Bremsen oder Hydraulikbauteile auf ihren Erneuerungsbedarf und arbeiten sie auf.

Die mit Abstand größte Komponentenwerkstatt im Werk Paderborn ist die Radsatzfertigung – sie gilt mittlerweile als deutsches Kompetenzzentrum für die Radsatzfertigung.

Nach dem Aufenthalt in den Komponentenwerkstätten gelangen sie zurück in die Fertigung – um dort in baugleiche Fahrzeuge derselben „Tauschgruppe" eingebaut zu werden. Fabrikneue Bauteile werden dagegen so gut wie nie verwendet.

Kaum etwas im Werk Paderborn gilt als Schrott. Jedes Teil ist Gegenstand einer sorgsamen Untersuchung, um festzustellen, ob es noch für eine weitere Verwendung zu gebrauchen ist und welche Arbeiten dazu notwendig sind.

In Zeiten, in denen jede Autowerkstatt sich damit begnügt, beschädigte Teile einfach auszuwechseln, wirkt das wie aus der Zeit gefallen. Doch das Prinzip der Wiederaufarbeitung hat sich technisch und wirtschaftlich bewährt. Güterwagen sind solide

gebaut. Das gilt auch für ihre Einzelteile, die zwar abnutzen, aber erst nach langer Gebrauchsdauer wirklich funktionsunfähig sind.

„Bei einer Flotte von 85.000 Wagen ist die Herstellung von neuen Ersatzteilen sehr kostenaufwendig", sagt Thomas Schnitzmeier, „das ist anders als in der Automobilindustrie. Dort senken große Stückzahlen die Einzelpreise. Bei uns wäre dagegen jedes Ersatzteil eine teure Sonderanfertigung."

Beispiel Räder: Die Radscheiben bestehen aus Vollmetall. Die großen Metallflächen werden so bearbeitet, dass Stellen wie Dellen oder kleine Risse korrigiert werden können. Das rechnet sich, weil es immer kostspieliger wäre, das massive Rad neu herzustellen.

Das erinnert an alte Handwerkertugenden: Man wirft nicht einfach etwas weg. Moderne Ökonomen sprechen von Nachhaltigkeit und loben das durchgeplante Technik-Recycling im Werk Paderborn.

Eine von vier Schiebebühnen im Werk, die die Wagen zwischen den Gleisen transportieren.

Blick in große Wagenrichthalle: Die beeindruckende Konstruktion stammt aus dem Jahr 1913.

JEDES DETAIL UNTERLIEGT EINEM HOHEN SICHERHEITSSTANDARD

Etwa 3.000 Güterwagen werden im Jahr im Werk Paderborn so aufgearbeitet. Die meisten Wagen bleiben etwa zwölf Tage im Werk. Fallen aufwendigere Arbeiten an können es bis zu dreißig Tage werden.

Für diese Zeit planen die Mitarbeiter in der Abteilung S, der Produktionssteuerung, minutiös den Aufenthalt jedes Güterwagens. Die Planung erstreckt sich bis ins 80 Kilometer entfernte Hamm, dem „Vorbahnhof" für das Werk. Dort werden Züge mit Auftragswagen für Paderborn zusammengestellt – etwa 150 Wagen sind ständig in Hamm als Produktionsreserve präsent. Im Werk warten 250 Wagen auf Sammelgleisen auf die Fertigung.

Bevor sie in die große oder kleine Wagenrichthalle rollen, stehen allerdings eine gründliche Reinigung und die „Vorbefundung" an. Fachleute nehmen die Wagen genau in den Blick. Im Team suchen sie nach Schwachstellen und offenkundigen Defekten. Alles, was ihnen auffällt, tragen sie sorgsam in ein Merkblatt ein.

Im Laufe der nächsten Tage, während des Aufenthalts des Wagens im Werk, wächst dieses Blatt zu einer dicken Auftragsmappe an, die jedes Detail, jede Maßnahme während des Werkaufenthaltes wiedergibt. Das ist nicht nur wichtig für die interne Kommunikation, sondern dient

auch einer alles umfassenden Nachweispflicht. Die Sicherheit des Bahnverkehrs unterliegt hohen Standards und das Werk muss jederzeit offen legen können, dass es diese Standards erfüllt. Noch Jahrzehnte später könnte man in der Auftragsmappe oder in digitalen Aufzeichnungen nachverfolgen, was repariert wurde, wer damit beauftragt und wie die Reparatur im Werk Paderborn umgesetzt wurde.

Was mit den Wagen geschieht, entscheidet die Produktionssteuerung. Hier werden die Berichte der Vorbefundung ausgewertet und Angebote für die Kunden geschrieben. „Erst wenn das Angebot auf die Zustimmung der Auftraggeber stößt, geht es weiter", sagt Dietmar Gramatte, Leiter der Abteilung. Im Werk Paderborn sind die Entscheidungswege kurz, denn die Adressaten sitzen häufig nur einige Bürotüren weiter – Mitarbeiter von DB Schenker Rail, dem größten Auftraggeber des Werks. Das hat den Vorteil, dass Nachfragen oder kleinere Probleme direkt ausdiskutiert werden können.

Gramattes Abteilung erstellt auch den Besetzungsplan für die Arbeitsgleise, auf denen etwa 150 Güterwagen gleichzeitig in Arbeit sind. Am Ende, wenn sie mehrfach untersucht, kontrolliert, demontiert und montiert worden sind, rollen die Wagen über die sichelförmige „Gleisharfe" – die aufgefächerte Gleisanlage vor dem Werk – zurück in Richtung Hamm.

Das Werk Paderborn ist Spezialist für kompakte, große Metall- und Umbauarbeiten.

DIE ZUKUNFT DER BAHN FINDET AUCH IN PADERBORN STATT.

Auch ein Werk wie das Paderborner muss sich ständig auf Veränderungen im Bahnverkehr einstellen. Das ist dem ehemaligen Wagenwerk und Ausbesserungswerk immer wieder gelungen.

Eines der aktuellen Zukunftsprojekte im Werk Paderborn trägt den geheimnisvollen Namen „Leiser Rhein". Tatsächlich geht es darum, Güterzüge leiser zu machen. Das geschieht durch die Umrüstung der Bremssohle von Metall auf einen Spezialkunststoff. Die Geräuschbelastung sinkt von 95 auf 85 Dezibel.

„Leiser Rhein" heißt das Projekt, weil der Anstoß dazu im Rheintal geschah. Die Anlieger dort sind wegen der engen Talführung den Geräuschen von Zügen besonders ausgesetzt. Mittlerweile existiert ein Gesetzesentwurf, der die Preise für Nutzung von Schienentrassen mit der Lautstärke der genutzten Wagen koppeln will: Je lauter ein Zug, desto teurer die Durchfahrtrechte.

Sollte das irgendwann Gesetzesrealität werden, wäre das Werk Paderborn gut aufgestellt. Schließlich haben die Paderborner schon mehrere hundert Wagen mit der neuen LL-Sohle ausgestattet und damit einen erheblichen Technologievorsprung. Deshalb sind Projekte wie der „Leise Rhein" wegweisend für die Zukunft des Werks.

Das Werk Paderborn hat heute ein klares Leistungsprofil, nicht nur wegen der Bereitschaft zu Innovationen. In anderen Bereichen hat sich das Werk einen Status als Kompetenzzentrum erarbeitet, etwa bei der Aufarbeitung von Radsätzen.

Für Paderborn spricht auch die günstige Lage in der Mitte von Deutschland und Europa. Das beste Argument für das Werk sind jedoch die gut ausgebildeten Mitarbeiter. Die meisten von ihnen haben die Ausbildungswerkstatt durchlaufen. Dort haben sie schon zu Beginn ihrer Berufslaufbahn die Tradition kennen gelernt, die die Mitarbeiter des Werks über Generationen in der Bearbeitung von Eisenbahn-Fahrzeugen erworben haben: ein gemeinsames Wissen, das Verbundenheit schafft.

Auf diesen Schatz an Kompetenz und Erfahrung hat sich das Werk Paderborn zu Beginn des zweiten Jahrhunderts Werkgeschichte erneut besonnen. Die alten Werte zählen auch in Zukunft.

> Das beste Argument für das Werk sind die gut ausgebildeten Mitarbeiter. Sie verkörpern eine über Generationen entstandene handwerkliche Tradition.

Alles auf einen Blick: Die Kennzeichnung an diesem Wagen verrät wie groß der Laderaum (oben links) und wie lang der Wagen inklusive Puffer (rechts Mitte) ist. Unterhalb der Wagenlänge wird das Eigengewicht in Kilogramm angegeben. Dieser Wagen wiegt mehr als 26 Tonnen. „R 75m" ganz oben rechts steht für den Radius des geringsten befahrbaren Bogens, gibt dem Fachmann also einen Hinweis darauf, welche Kurven dieser Wagen fahren kann. Das Datenfeld unten links definiert die maximale Ladelast. Die Buchstaben A, B und C stehen dabei für unterschiedliche Streckenqualitäten.

Thomas Schnitzmeier, Leiter „Güterwagen und Drehgestelle"
„Wir sind gut aufgestellt."

Der Arbeitstag beginnt oft schon, wenn Thomas Schnitzmeier frühmorgens durch die Werkspforte geht. Dort erwartet ihn der erste Anruf, einer von vielen an diesem Tag. Thomas Schnitzmeier ist einer der gesuchtesten Männer im Werk Paderborn. Er leitet die Produktion „Güterwagen und Drehgestelle", den größten Bereich im Werk: 250 Mitarbeiter, die Güterwagen untersuchen, instand setzen und umbauen.

Der 42-Jährige kennt die Arbeit im Werk nicht nur aus der Leitungsperspektive. 1987 wurde er Azubi; elf Jahre, bis 2002, arbeitete er zuerst in der DB Services als Maschinenschlosser, dann in verschiedenen Bereichen der Produktion.

1999 wagte Thomas Schnitzmeier einen Neustart. Er besuchte die Technikerschule und bewarb sich nach dem erfolgreichen Abschluss auf eine Stelle im Vertrieb des damaligen DB-Produktbereichs Güterwagen. Dort betreute er als technischer Projektleiter Kunden, die Wagen für bestimmte Zwecke umbauen ließen. „Wir haben völlig neue Aufbauten konstruiert und das in ständiger Absprache mit den Auftraggebern. Eine interessante Aufgabe."

2002 wurde er als Werksingenieur wieder Mitarbeiter des Paderborner Werks, absolvierte nebenberuflich eine weitere Ausbildung zum Technischen Betriebswirt und übernahm 2008 die Produktionsleitung für Güterwagen und Drehgestelle.

Für diese Aufgabe werden Allrounder gesucht. Thomas Schnitzmeier brachte das richtige Leistungsprofil mit: Er hatte mit Kunden zusammengearbeitet und er kannte die Arbeit in den sechs Meistereien der Produktion aus eigener Erfahrung.

Genauso wichtig ist seine betriebswirtschaftliche Ausbildung. Die Fertigung im Werk ist organisiert wie ein Unternehmen im Unternehmen mit einer eigenen Budget- und Investitionsplanung. Die Produktion muss sich rechnen, sonst hat Thomas Schnitzmeier ein Problem.

Allerdings ist kein Bereich im Werk selbstständig. Alle sind in die Steuerungskreisläufe der Produktion eingebunden. Das erfordert einen hohen Grad von Abstimmung. Regelmäßige Treffen mit den Leitern der anderen Bereiche sind wichtige feste Termine für Thomas Schnitzmeier. Auch sonst ist er viel im Werk unterwegs. Er will wissen, wie die Fertigung läuft und Probleme direkt am Arbeitsplatz besprechen. „Ein Fertigungsleiter muss über so gut wie alles Bescheid wissen", sagt er.

Und doch muss sich Thomas Schnitzmeier den Blick für Dinge jenseits des Alltagsgeschäfts bewahren. Die Frage, in welche Richtung sich die Fertigung entwickeln sollte, stellt sich immer wieder neu. Wie ein mittelständischer Unternehmer muss Schnitzmeier Antworten haben: neue Ideen und Projekte, die zukunftsfähig sind.

„Wir sind gut aufgestellt", sagt er. Ob er selbst, das Eigengewächs, dem Werk beruflich auf immer verbunden sein wird, ist eine andere Frage. Die Bahn sucht Leute wie ihn, die ihren Job von der Pike auf gelernt haben und Leitungswissen mitbringen. „Ich bin ein Ur-Paderborner", sagt er, „aber mal sehen, wie es weitergeht."

Als Fertigungsleiter muss Thomas Schnitzmeier über alles informiert sein – und sich den Blick für die Dinge jenseits des Alltags bewahren. Neue Ideen und zukunftsfähige Projekte sind gefragt.

So gut wie neu

Radsätze von Güterwagen müssen vor allem sicher und zuverlässig sein. Damit das so ist, kommen sie regelmäßig in die Radsatzwerkstatt. Dort werden sie untersucht, erneuert und wie neu in den Bahnverkehr entlassen. Selbst ausgemusterte Radsätze erfüllen noch eine Aufgabe. Ihre aufgearbeiteten Einzelteile finden in anderen Radsätzen Verwendung.

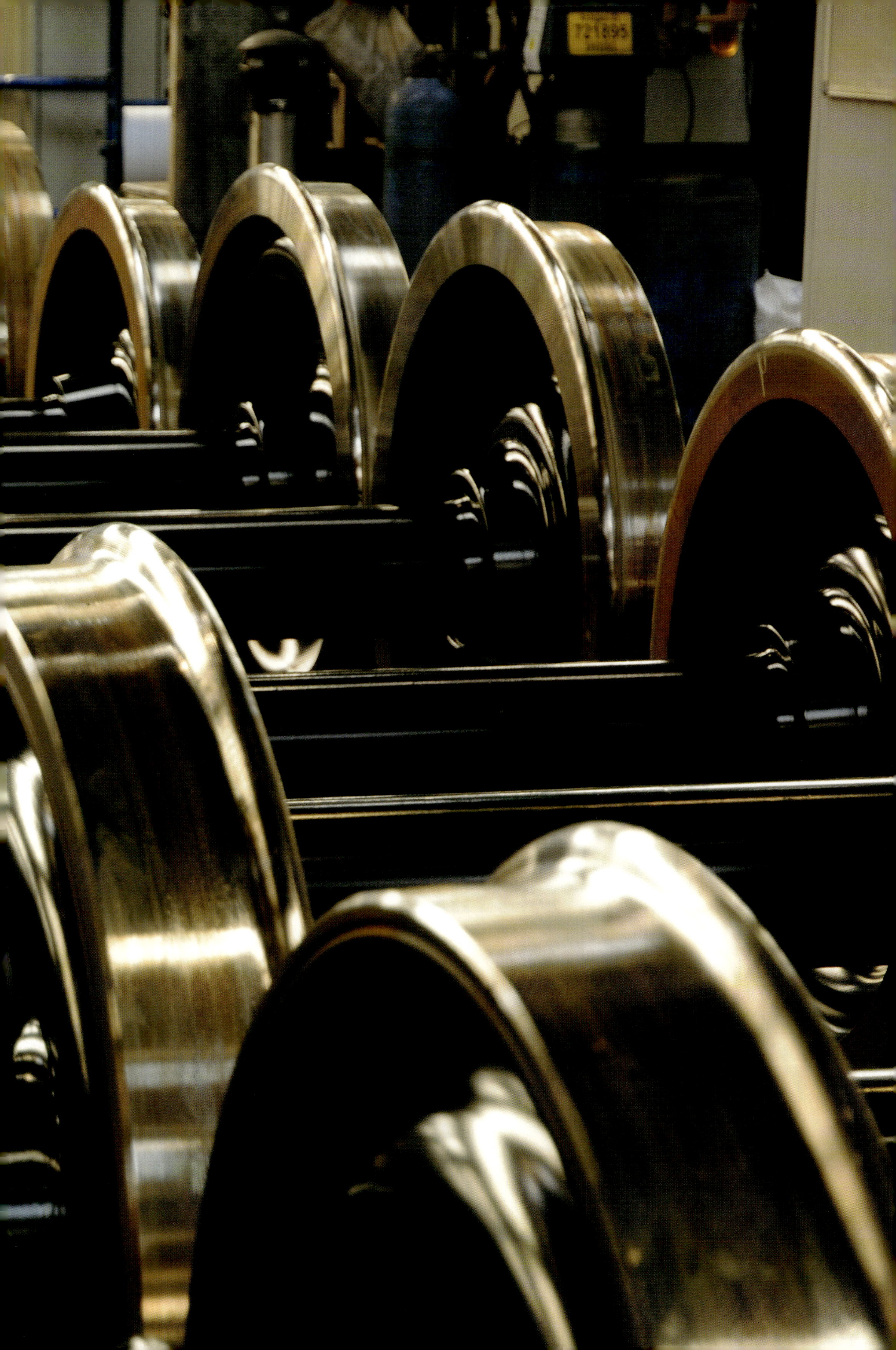

KOMPETENZENTRUM FÜR RADSÄTZE IN DEUTSCHLAND

Radsätze sind Leistungsträger. Sie tragen die tonnenschweren Lasten von Güterwagen. Sie rollen zehntausende Kilometer und werden dabei enormen Belastungen ausgesetzt: die Profile der Räder werden beim Bremsen glühend heiß oder sie nutzen einseitig ab, weil sie immer wieder über dieselben Strecken fahren.

Radsätze sehen nicht aus wie High-Tech-Bauteile. Jedes Kind könnte sie malen: zwei Räder, eine Welle in der Mitte, das ist schon fast alles – der Urtyp einer Fahrzeugachse, seit Jahrzehnten erprobt, verbessert und optimiert. Radsätze für Güterwagen haben nichts Spektakuläres, sie sind schlicht und einfach, aber maximal zuverlässig und leistungsfähig.

Das müssen sie sein. Ein minimaler, Riss könnte unabsehbare Folgen haben. Deshalb werden Radsätze regelmäßig überprüft und überholt - die meisten im Werk Paderborn der DB Fahrzeuginstandhaltung.

So kommt es, dass es in Deutschland kaum einen Radsatz gibt, der nicht schon in Paderborn war. Ungefähr 40.000 Radsätze werden hier im Jahr bearbeitet. Wenn die regelmäßige Inspektion ansteht, wenn es Probleme mit Rädern, Wellen oder Lagern gibt, sind die Paderborner Radsatzfachleute gefragt.

„Wir sind innerhalb der Deutschen Bahn das Kompetenzzentrum für Radsätze von Güterwagen", sagt Melanie Krüger. Die dreißigjährige Wirtschaftsingenieurin ist Segmentleiterin für die Komponentenfertigung im Werk Paderborn, zu der die Radsatzwerkstatt als größter Bereich gehört. Gut ein Viertel der Belegschaft im Werk arbeitet in dieser Werkstatt.

Die Werkstatt zieht sich längs durch die große Wagenrichthalle – eine automatisierte Anlage, die zuletzt mit viel Aufwand erneuert wurde. Im Fließbandtakt rollen die Radsätze langsam von Station zu Station.

Verdreckt und verrostet kommen sie an, glänzend und wie neu verlassen sie den letzten Kontrollgang. Sie werden gewaschen, gestrahlt, geschliffen und reprofiliert, demontiert und montiert. Vor allem aber werden sie immer wieder gemessen, geprüft, „befundet" und kontrolliert.

Sicherheit ist alles, denn Radsätze sind nicht die vermeintlich schlichten Bauteile unter dem Fahrzeug. Sie sind hochwertig verarbeitete Bauteile, deren Zustand einer steten Kontrolle unterliegt: High-Tech-Technologie.

> Ein minimaler, nicht sichtbarer Riss könnte unabsehbare Folgen haben. Deshalb werden Radsätze regelmäßig überprüft und überholt – die meisten im Werk Paderborn.

DIE MODERNSTE DIAGNOSETECHNIK KANN DEN MENSCHEN NICHT ERSETZEN

Es beginnt in der Vorbefundung, einem abgetrennten, im Vergleich zum Werk leisen Raum, der etwas von der sachlich-konzentrierten Atmosphäre einer Ambulanz hat. Tatsächlich steht hier eine Untersuchung an. Hebestände liften Radsatz für Radsatz in die Höhe, damit sie von erfahrenen Mitarbeitern in Augenschein genommen werden können

Uwe Kowalski ist einer von ihnen. Er sucht nach kleinen Rissen oder abblätternden Stellen auf der Lauffläche, Kerben und

Mulden an den Wellen. „Bei dem hier sieht es eher schlecht aus", sagt er. Die betroffene Stelle ist zu groß, also ein Fall für die komplette Aufarbeitung.

Auf ihrem weiteren Weg durchlaufen die Radsätze einen Maschinenpark mit moderner Diagnose- und Bearbeitungstechnologie. Und doch würde niemand auf die Untersuchung in der Vorbefundung verzichten. Immer noch zählt die Erfahrung von Mitarbeitern wie Uwe Kowalski, der seit 26 Jahren dabei ist – das kann keine Maschine ersetzen. Bevor der Radsatz die Vorbefundung verlässt, notiert Uwe Kowalski seine Ergebnisse auf einem Messblatt. Es wird von da ab zum treuen Begleiter des Radsatzes auf dem Weg durch das Werk. Bei jedem Halt werden Kollegen von Uwe Kowalski weitere Einträge in dem Messblatt vornehmen und ihre Arbeitsschritte und Ergebnisse dokumentieren. Er aktualisiert auch einen Eintrag im Computer – eine Art digitales Stammbuch für jeden Radsatz, egal ob er unter einem Wagen über die Schienen rollt, im Lager steht oder gewartet wird.

Dann rollen die Radsätze aus der Vorbefundung durch eine Schleuse hinein in die

> Die Radsätze durchlaufen einen Maschinenpark mit moderner Diagnose- und Bearbeitungstechnologie. Doch niemand würde auf die Erfahrung der Mitarbeiter verzichten.

Genauer Blick: Uwe Kowalski in der Vorbefundung

Eine der vielen Kontrollstationen in der Radsatzwerkstatt. Die Radreifen werden mit Pulver beschichtet und dann ultraviolett angeleuchtet, um äußere Risse sichtbar zu machen.

laute, betriebsame Wagenrichthalle. Die tatsächliche Produktion beginnt.

Zunächst gilt es, das Metall freizulegen. Die Radreifen werden mit Stahlkies entlackt, sie werden geschliffen, danach in einer Waschkabine mit einer Temperatur von 50 Grad und einem Druck von sieben Bar gespült.

Den nächsten Halt machen sie, nun hellgrau glänzend, am Messstand von Willi Hanecke, einem Routinier, der seit seiner Lehre im Werk arbeitet, 44 Jahre schon.

Er legt den Radreifen eine Art Stethoskop an, schwarze kleine Kisten, die er „Manipulatoren" nennt. Sie jagen Ultraschall durch das extrem gehärtete Metall. An dem Schallmuster erkennt der Computer, wie sehr die runde Metallfläche unter Eigenspannung steht. „Wenn Räder zu heiß werden oder außergewöhnlich stark belastet werden, steigt die Eigenspannung in den Radscheiben", sagt Hanecke.

Nach der Demontage der Radlager wartet der Vormessstand auf die Radsätze.

Diesmal geht es um die Radprofile. Sind sie gleichmäßig abgefahren, wo sind Dellen und Ungleichmäßigkeiten? Räder verraten sich durch ihr Profil. Die Güterwagen, unter denen sie angebracht sind, sind häufig auf immer wieder denselben Strecken unterwegs. Das führt zu typischen Abnutzungen. Ein „Spitzläufer" ist einseitig abgenutzt. Räder, die vor allem über die Rheinstrecke rollen, haben dieses Profil, weil die Eisenbahntrasse fast durchgehend die gleiche Neigung hat.

Das Reprofilieren ist Sache der großen Drehbänke, die noch immer so heißen, obwohl sie heute computergesteuerte Automaten sind – sogenannte CNC-Drehbänke. Frank Schulz sitzt an seinem Steuerpult vor einer dieser großen Geräte mit elektronisch verschließbaren Türen und breiten Sichtfenstern. Von seinem Platz kontrolliert er, wie der große Drehmeißel den Span von der Lauffläche abnimmt. Es kommt auf absolute Genauigkeit an und doch braucht auch in diesem Fall die Ma-

Frank Schulz an der drei CNC-Drehbänke, die das Profil von Radscheiben aufarbeiten.

RADSATZ-
WERKSTATT

100 JAHRE Werk Paderborn

High-Tech-Diagnose: Ultraschalltest der Radscheibe, um feinste Risse im Material zu entdecken.

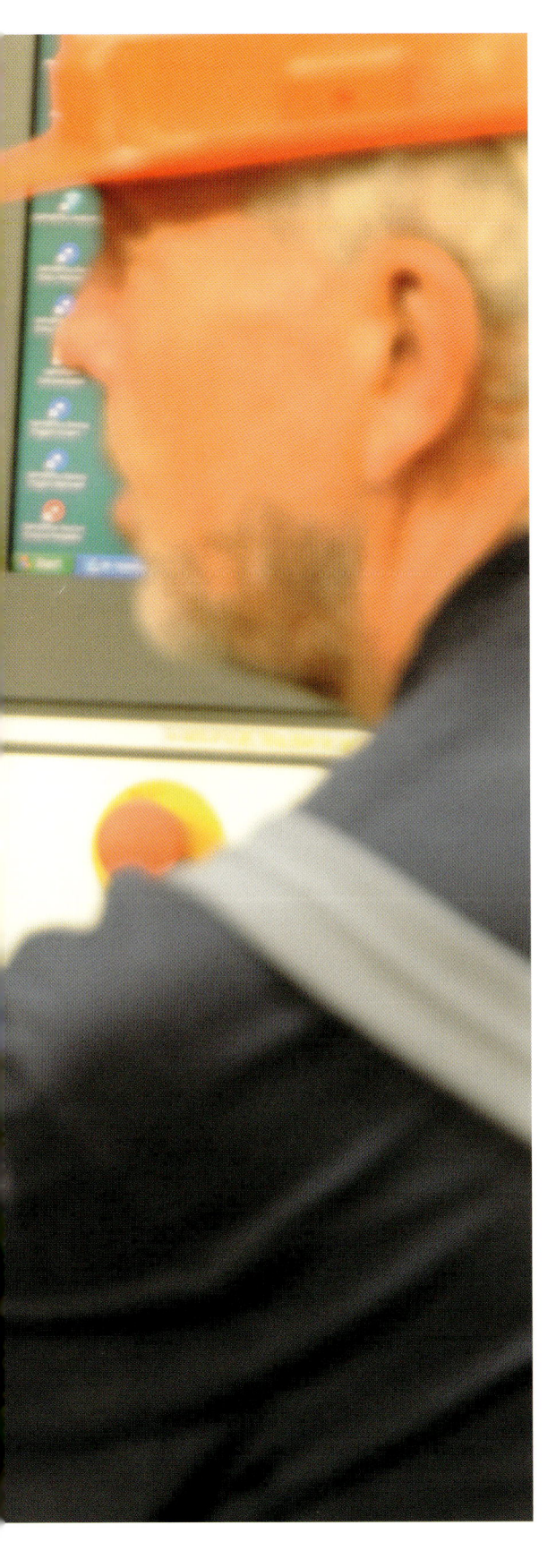

schine den Menschen. Die Erfahrung sagt Frank Schulz, wie er den Programmierung des CNC-Automaten korrigieren muss. Das hängt von der Größe der Schadstelle und der Materialstärke ab.

Dass die Vorgaben des Vormessstandes beim Drehen eingehalten wurden, garantiert der Nachmessstand direkt hinter der der Drehbank. Doch auch das ist nicht die letzte Kontrollstation. Innere Defekte spürt eine Ultraschallanlage auf. Ein großer, bunt verkabelter Automat senkt sich auf den Radsatz, der sich langsam dreht und dabei abgehört wird. Ein wenig weiter in der Produktionsstraße werden die Räder mit Pulver beschichtet und ultraviolett belichtet. Auf diese Weise zeigen die Geräte äußerliche Risse an, seien sie noch so klein.

EIN GROSSER RECYCLINGKREISLAUF BEHERRSCHT DEN ARBEITSPROZESS

Sachte rollend setzen die Radsätze ihren Weg fort. Die Montage der Radlager beginnt.

Die Ersatzteile, die in die schwarzen Radsatzgehäuse eingebaut werden, sehen aus wie neu, sind es aber nicht. Wie überall im Werk Paderborn beherrscht ein großer Recyclingkreislauf den Arbeitsprozess in der Radsatzwerkstatt. Praktisch jedes Teil, das aus einem Radsatz ausgebaut wird, kommt wieder zurück ans Band. In den Komponentenwerkstätten arbeiten Spezialisten Lager, Druckkappen oder Gehäuse wieder auf. Danach gelangen sie zurück ans Hauptband. Fabrikneue Bauteile werden so gut wie nie verarbeitet.

Dieser Materialkreislauf stellt besondere Anforderungen an die Mitarbeiter. „Kein Radsatz ist wie der andere", sagt Melanie Krüger. Es gibt mehr als 50 verschiedene

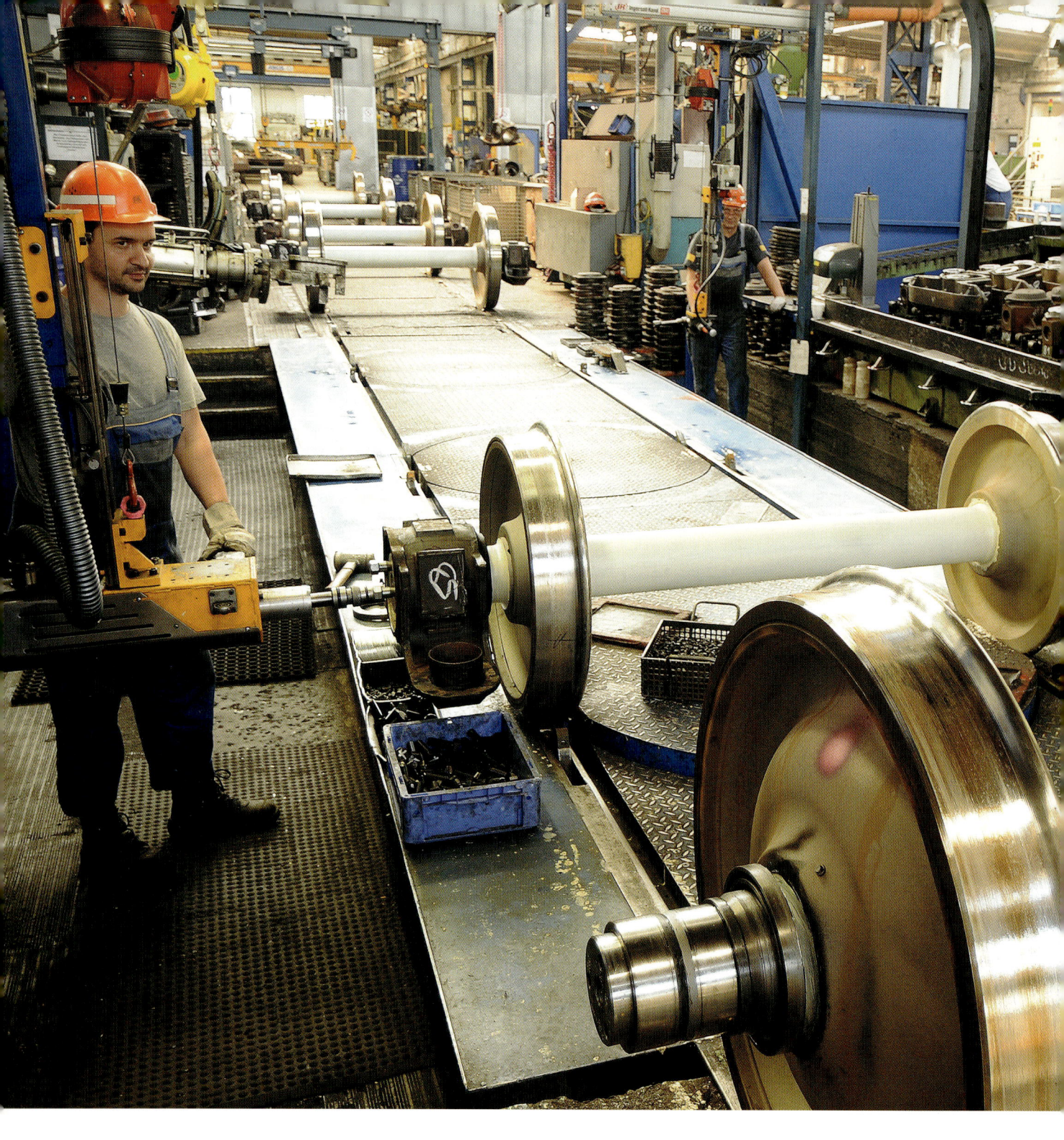

Montage der aufgearbeiteten Lager auf die Radsatzschenkel.

Typen. Alle Bauteile, die zu einem speziellen Typ passen, gehören einer sogenannten „Tauschgruppe" an.

Deshalb ist so wichtig, dass jeder Radsatz mit einem Code gekennzeichnet wird, der die Tauschgruppe verrät. Die richtige Zuordnung wird mehrfach kontrolliert. Auch deshalb die farbigen Bändchen um die Wellen und die Nummern, die vielen Einträge ins Messblatt. Es muss alles stimmen.

Zuletzt stehen die frisch lackierten Radsätze in einer langen Reihe – elegant glänzend mit ihren schwarzen Wellen und den silbrig glänzenden Radprofilen, in denen sich das Licht der großen Wagenrichthalle golden spiegelt. Kein Vergleich mit den dreckigen, verrosteten Dauerläufern, als die sie vor einigen Tagen ins Werk Paderborn gekommen sind.

Wenn die verschiedenen Kennzeichen an den Radsätzen angebracht werden, nähert sich das Ende der Fertigungsstraße in der Radsatzwerkstatt. Die wichtigsten Zeichen sind die Serialnummer auf einem Kennschild – eine Art Identifikationsnummer für jeden Radsatz – und die Tauschgruppenbezeichnung direkt auf dem schwarzen Lack des Radreifens.

Noch einmal werden die Radsätze in der Endkontrolle angehoben und sorgsam begutachtet. Noch einmal werden die Einträge im Messblatt mit dem Radsatz abgeglichen. Dann, endlich, sind die Radsätze fertig, bereit für die Rückkehr auf die Schiene.

Sechs Jahre oder 660.000 Kilometer bis zum nächsten regulären Aufenthalt in der Radsatzwerkstatt liegen vor ihnen. Schon bald werden sie den Werkstattglanz verloren haben und dreckig, aber zuverlässig über die Gleise rollen – und niemand wird ihnen mehr ansehen, wie viel Arbeit in ihnen und in ihrer Sicherheit steckt.

Kennzeichnung der Radsätze

MENSCHEN IM WERK

Karl-Heinz Schliebs, Meister in der Radsatzfertigung

Die Dinge zusammenbringen

„Visionen" – Karl-Heinz Schliebs scheut sich nicht, das Wort in den Mund zu nehmen. Hatte nicht mal Helmut Schmidt gespottet, wer Visionen habe, solle zum Arzt gehen? Wenn Karl-Heinz Schliebs diesen Begriff benutzt, bekommt er eine ganz andere Bedeutung. Schließlich ist er ein ausgewiesener Realist – das muss man sein, wenn man als Meister in der Radsatzwerkstatt im Werk Paderborn arbeitet. Andererseits schafft es Karl-Heinz Schliebs, Visionen in erfolgreiche Innovationen umzusetzen, für die er einen der anerkanntesten Preise der deutschen Industrie erhalten hat.

2011 wurde die DB Fahrzeuginstandhaltung GmbH in Frankfurt mit einem ersten Platz beim „Deutschen IdeenPreis" im Bereich Verkehr ausgezeichnet. Es ging um einen Verbesserungsvorschlag der DB-Mitarbeiter Karl-Heinz Schliebs, Klaus-Dieter Jörg und Dietmar Alteköster. Darauf war der Konzern stolz. Bahn-Chef Rüdiger Grube verlieh den drei Mitarbeitern in Berlin eine persönliche Auszeichnung. Zuvor schon hatten sie den DB Mitarbeiter-Award als Gewinner der Kategorie Qualität erhalten. Er wurde mit einer nicht zu kleinen Geldsumme honoriert. Visionen können sich lohnen, könnte man Skeptikern anhand dieses Beispiels entgegenhalten.

Die Idee kam Karl-Heinz Schliebs, weil er sich schon immer über die umständliche Bearbeitung von Radsatzwellen geärgert hatte. Die Radreifen mussten umständlich abgepresst werden, damit die Wellen an der Drehbank bearbeitet werden konnten. Das geschah nicht in Paderborn, sondern im Werk Cottbus. Heute bleiben die Radsätze ganz. Neue Bandschleifmaschinen bearbeiten die Wellen im Werk Paderborn. Das erspart den Transport, beschleunigt die Fertigung, spart Kosten, erweitert den Arbeitsumfang im Werk Paderborn und sichert dort Arbeitsplätze.

„Die Umsetzung war das Schwierigste", erinnert sich Karl-Heinz Schliebs. Doch Widerstände können ihn so leicht nicht ausbremsen. Neue Wege gehen, vermitteln, Alternativen aufzeigen: Das ist, was er in seinem Berufsleben gelernt hat. „Ich bringe die Dinge gern voran, indem ich mit anderen zusammenarbeite", sagt er.

Die Bahn hat das Talent von Karl-Heinz Schliebs früh erkannt. Nach der Lehre im Werk Paderborn macht er in den 1970er Jahren das Fachabitur, wurde Werkmeister und später Industriemeister. Seit 1999 ist er Meister in der Radsatzfertigung. 65 Mitarbeiter hatte die Werkstatt damals, heute zählt sie 135 Beschäftigte. Die Paderborner Radsatzfertigung gilt als technologisch führend, das Werk hat sich zum Zentrum für Güterwagen-Radsätze entwickelt.

Das wäre ohne Karl-Heinz Schliebs nicht möglich gewesen. Der ist immer noch technikbegeistert und kann sehr anschaulich darüber reden, wie sehr sich Radsätze verändert haben: Die ehemals schlichten Achsen rasen heute mit Geschwindigkeiten von bis zu 160 Stundenkilometern über die Gleise. Man glaubt es ihm, wenn der Mann, der nach mehr als vier Jahrzehnten im Werk Paderborn bald in den Ruhestand geht, gesteht: «Ich bin gerne Bahner.»

Ideen, die das Werk Paderborn vorange-
bracht haben: Karl-Heinz Schliebs in der
Radsatzfertigung vor dem Ultraschall-
Meßgerät. Die Radsatzwerkstatt ist in
Deutschland technologisch führend.
Das liegt auch an Karl-Heinz Schliebs.

KOMPONENTEN-
WERKSTÄTTEN

DAS WERK PADERBORN HAT EINE
LANGE HANDWERKLICHE TRADITION

Echtes Handwerk ist gefragt: In den Komponentenwerkstätten im Werk Paderborn zählen noch althergebrachte Qualitäten. Fünf Gewerke liefern „Plantauschteile" für die Produktion und erneuern Einzelbauteile und Teile für Kleinserien. Die Mitarbeiter in den Werkstätten müssen dabei den Spagat zwischen handwerklicher Sorgfalt und industriellen Anforderungen schaffen. Dass ihnen das gelingt, beweisen die Nachfragen aus der Privatwirtschaft. Der gute Ruf hat sich herumgesprochen.

Gerhard Schernus leitet den Bereich Komponenten seit 2012. Der Werkmeister hat bei der Bahn gelernt und kennt fast alle Bereiche im Werk Paderborn aus eigener Erfahrung. Als Fertigungsmeister der Komponentenwerkstatt ist er für die Steuerung der Arbeit, den Personaleinsatz und die langfristige Weiterentwicklung des Bereichs verantwortlich. „Mitdenken verlangen wir von jedem Mitarbeiter", sagt Schernus, „wir müssen immer wieder neue Lösungen finden."

Die Komponentenwerkstatt arbeitet in fünf Gewerken: Hydraulik, Bremsteilaufarbeitung, Blechbearbeitung, Dreherei sowie Aluminium-, Dach- und Großbauteile. Die etwa 60 Mitarbeiter überholen und erneuern Einzelteile für Güterwagen, Drehgestelle und Radsätze, damit diese Teile einbaufähig in die Fertigung zurückgehen können. In den Werkstätten werden Hydraulikaggregate und Steuerventile aufgearbeitet, Bremsgestängesteller und Bremszylinder erneuert oder Bleche von einer Stärke bis 50 Millimeter mit Bearbeitungsmaschinen wie Plasmaschneidmaschine, Blechschere oder Abkantbank bearbeitet.

Das Werk Paderborn hat eine lange handwerkliche Tradition. Die große Fertigungstiefe in den Komponentenwerkstätten war von Vorteil für die Fertigung, weil Ersatzteile zeitnah bereitgestellt werden konnten. Ersatzteillieferungen durch Lieferanten „just in time" waren noch nicht möglich.

werk
kunft

verbindet handwerkliche
ung – zum Vorteil für das

Ulrich Nowack schweißt Zuglaschen für Wölbschieber. Dieser Arbeitsplatz wurde vom Werk für Mitarbeiter mit Schwerbehinderung eingerichtet.

KOMPONENTEN-
WERKSTÄTTEN

100 JAHRE Werk Paderborn

Mitarbeiter Wolfram Bertling legt eine Blechtafel für den Zuschnitt an der Blechtafelschere an.

DIE WICHTIGSTE RESSOURCE SIND DIE GUT AUSGEBILDETEN MITARBEITER

Die Schnelligkeit der modernen Materialwirtschaft hat vieles geändert und doch haben die Paderborner ihre Werkstätten nicht nur bewahrt, sondern ausgebaut. Immer noch hat die große Fertigungstiefe unwiderlegbare Vorteile, besonders wenn es um „Überplanteile" geht, also Aufträge, die unvorhergesehen sind, schnell ausgeführt werden müssen und das oft nur in einer geringen Stückzahl. Externe Dienstleister könnten nicht so schnell reagieren. Zudem würde die Vergabe nach außen die Kosten extrem ansteigen lassen.

Vor allem verfügt das Werk über die wichtigste Ressource, die für den Betrieb einer so großen und vielseitigen Komponentenwerkstatt notwendig ist: gut ausgebildete Mitarbeiter. Auch die vielseitige und handwerklich fundierte Ausbildung ist eine Tradition des Werks Paderborn.

In den Werkstätten stehen Kollegen mit vierzigjähriger Berufserfahrung neben Berufsanfängern, die gerade die Ausbildungswerkstatt verlassen haben. „Wir haben viele gute Mitarbeiter. Ein so großes Team, das das technische Knowhow mitbringt und sich zudem mit dem speziellen Thema Bahn auskennt, finden sie so schnell nicht", sagt Gerhard Schernus, „das ist unser größtes Potential."

Er achtet darauf, junge Mitarbeiter in das Team zu holen. Die demographische Entwicklung ist auch im Werk Paderborn ein Thema. „Wir müssen den Nachwuchs fördern", sagt Schernus. Er verlangt von den neuen Kollegen Selbstständigkeit und problemorientiertes Denken. „Mitarbeiter in den Komponentenwerkstätten müssen nach Zeichnung eigenständig arbeiten

Mitarbeiter Marcus Kube bei der Montage eines Bremskolbens an der pneumatischen Vorrichtung für Bremszylinder.

KOMPONENTEN-
WERKSTÄTTEN

100 JAHRE Werk Paderborn

Mitarbeiter Emanuel Alombah Anumbosi arbeitet ein Güterwagendach auf.

können." Die älteren Kollegen, von denen ungewöhnlich viele seit dreißig oder vierzig Jahren im Werk Paderborn tätig sind, bringen die notwendige Erfahrung mit. Die Jungen werden an dieses selbstständige Arbeiten herangeführt.

FÜR DAS WERK IST DIE KOMPONENTENFERTIGUNG VON GROSSER BEDEUTUNG

Die Komponentenwerkstätten sind ein vergleichsweise kleiner Arbeitsbereich, aber für die verschiedenen Produktionskreisläufe sind sie von großer Bedeutung. Die Wiederaufarbeitung von Bauteilen ist ein wesentliches Merkmal des Paderborner Werks – und das geschieht vor allem in den Komponentenwerkstätten. Wenn es dort Probleme gibt, stockt auch die Fertigung, weil Teile fehlen.

Diese Rahmenbedingungen bestimmen den Arbeitsrhythmus in den Werkstätten: Es wird auch mal stressig. Doch damit müssen die Mitarbeiter leben. „Wir müssen vorausschauend planen", sagt Gerhard Schernus, „um Engpässen möglichst aus dem Weg zu gehen." Nicht immer gelingt das, vor allem wenn ein nicht vorauszusehender Auftrag in die planmäßige Fertigung integriert werden muss. Dann ist Flexibilität gefragt – auch das eine Eigenschaft, die Schernus von seinen Mitarbeitern verlangt.

Der starke Ausbau der Komponentenwerkstätten in den vergangenen Jahren beweist deren steigende Bedeutung. In vielen Bereichen begründen die Werkstätten ein Alleinstellungsmerkmal des Werks Paderborn. Ein Beispiel: Einen Arbeitsbereich für Hydraulik gibt es innerhalb der DB Fahrzeuginstandhaltung nur einmal, und zwar in Paderborn. Zudem ist jeder Vorgang, jedes Produkt in den Komponentenwerkstätten kontrolliert, zertifiziert und eigens für den Bahnverkehr zugelassen. Sicherheit geht hier, wie überall im Werk Paderborn, über alles. Diesen Standard haben sich die Paderborner über Jahrzehnte erarbeitet.

So sind die Komponentenwerkstätten ein gutes Stück Zukunftssicherheit. Im Werk Paderborn hat das Handwerk nicht nur einen goldenen Boden, sondern eine goldene Zukunft.

Foto oben: Druckprüfung von Hydraulikzylindern durch Mitarbeiter Benedikt Böger;
Foto unten: Fertigung von Bremshängeeisen durch Roland Meyer an der CNC-Fräsmaschine

Norbert Driller und Oliver Sobeck, Endabnahme

Fehler sind undenkbar

Sie arbeiten immer zu zweit an den Ausgangsgleisen, seit sechs Jahren schon. Damals wechselte Oliver Sobeck in die Endabnahme. Seitdem bildet er mit Norbert Driller ein festes Arbeitsduo bei der letzten Kontrolle, bevor der Güterwagen das Werk verlässt.

Die Basis für ihre Arbeit ist ein festgelegtes, umfangreiches Regelwerk, in das die Halter des Fahrzeugs alle Sicherheitsstandards für den bestimmten Fahrzeugtyp geschrieben haben. Daran orientieren sich die beiden Männer, wenn sie den Wagen der Prüfung unterziehen. Norbert Driller steht rechts vom Gleis, Oliver Sobeck links. Driller liest aus einer Checkliste vor und kontrolliert auf seiner Fahrzeugseite die Durchführung der Arbeiten. Oliver Sobeck bestätigt den korrekten Zustand auf seiner Seite, indem er die Angaben laut wiederholt.

Zuerst überprüfen die beiden die Beschriftungen am Wagen: Fahrzeugnummer, Nummer der Radsätze und Drehgestelle, Eigengewicht und so weiter. Dann folgt die Abnahme der Arbeiten, die im Werk vorgenommen wurden. Schweißnähte werden gecheckt, Farbaufträge, das vorgeschriebene Spiel der Puffer und des Zughakens. Es ist eine ziemlich lange Liste, die die beiden sorgfältig durchgehen. Ist etwas in Ordnung, macht Norbert Driller hinter den betreffenden Punkt ein Häkchen. Wenn nicht, geht der Wagen zurück ins Werk.

Die beiden Männer sind konzentriert. Sie arbeiten in einem Job, der keine Fehler erlaubt. Sollten sie etwas übersehen, hätte das schwerwiegende Folgen. Das ist noch nie vorgekommen und auch für die Zukunft undenkbar.

Der Anspruch, vollkommen perfekt zu sein, bürdet Norbert Driller und Oliver Sobeck eine große Verantwortung auf. Die Mitarbeiter in der Endkontrolle sind deshalb für ihre Aufgabe besonders qualifiziert. Norbert Driller und Oliver Sobeck haben im Werk gelernt und in vielen Bereichen der Fertigung gearbeitet. Diese Erfahrung ist wichtig. Die Prüfer müssen wissen, wie die Abläufe im Werk sind, wie Reparaturen ausgeführt werden. Sie müssen die Ansprechpartner kennen. Und sie müssen das Regelwerk verinnerlicht haben, das ihren Arbeitsalltag bestimmt: ein Schrank voller Aktenordner mit Prozessbeschreibungen und Qualitätsstandards.

Sicherheit ist Teil des umfassenden Qualitätsmanagements im Werk. Es gibt nicht nur die Endabnahme, sondern auch die Zwischenprüfungen während der Fertigung. Die Dokumentation wird auf Papier und digital geführt, in ihnen wird jede Arbeit, jede Prüfung abgezeichnet. Noch Jahre später kann man nachlesen, wer welche Bremse überholt hat – und wer die Arbeiten freigeben hat. Alles beruht auf diesem umfassenden System von Gegenkontrollen.

Norbert Driller und Oliver Sobeck sind nur ihren Qualitätsstandards und dem Regelwerk verpflichtet. Niemand könnte sie unter Druck setzten, selbst wenn ein „Rückweiser" Zeit und Geld kostet. Das ist ein wichtig, sagt Oliver Sobeck: «Wir sind frei in unseren Entscheidungen."

Oliver Sobeck (li.) und Norbert Driller überprüfen jeweils eine Seite des Fahrzeugs – Teil des Qualitätsmanagements im Werk, das auf ständiger Kontrolle und Gegenkontrolle beruht.

MATERIAL-
WIRTSCHAFT

MATERIALWIRTSCHAFT:
DIE ORDNUNGSMACHT IM WERK

Ein Klick mit der Computermaus reicht. Schon kann Josef Sicken, der Leiter des Bereichs Materialwirtschaft, über jedes der etwa 3.000 Teile in den Lagern des Werks sagen, wo es sich gerade befindet. Ob er einen bestimmten Radsatz sucht, Bremssohlen oder Hydraulikbauteile, winzige Schrauben oder zig Meter lange Schwenkdächer. Alles findet sich in Sekundenschnelle.

Den Überblick behalten: Darauf kommt es in der Materialwirtschaft an. Sie ist die Ordnungsmacht im Werk. Bis zu 78 Mitarbeiter sind damit beschäftigt, schnell und zuverlässig die Produktion oder externe Kunden zu beliefern.

Ihr Arbeitsgebiet ist das ganze Werk. Die Materialwirtschaft hat, so scheint es, jede unbenutzte Fläche in Beschlag genommen: neben dem zentralen Lager und dem neuen Hochregallager in der Wagenrichthalle, freie Außenflächen, Hallen und Räume. Alles wird genutzt, um Material an- und abzuliefern.

Zwischen diesen Lagerstätten und der Produktion fließt ein ständiger Verkehr. Gabelstapler rollen nach einem festen Plan mit Radsätzen oder Gitterboxen durch das Werk. Die „Materialbahnhöfe" an den Arbeitsgleisen müssen zum geplanten Zeitpunkt beliefert werden, sonst stockt die Produktion.

Doch es geht nicht nur um die interne Materialversorgung der Fertigung und der Komponentenwerkstätten im Werk. Paderborn ist im Bereich Radsätze zentraler Dienstleister für den mit Abstand größten deutschen Bahnspediteur, die DB Schenker Rail, Teil der Schenker Deutschland AG.

Die Vermittler

Ohne Logistik läuft in der Produktion nichts. Die Mitarbeiter in der Materialwirtschaft im Werk Paderborn müssen nicht nur den Überblick behalten, sondern auch zeitgerecht liefern – an die eigene Produktion und an Kunden überall in Deutschland.

Wenn ein Radsatz an einem Güterwagen von Schenker irgendwo in Deutschland defekt ist, erreicht die Meldung das Lager im Werk Paderborn. Innerhalb von einigen Tagen stellen die Paderborner das passende Ersatzteil bereit. An die 2.000 aufgearbeitete Alt-Radsätze hält das Werk ständig vor, dazu noch 1.000 neue Radsätze, um auf jede Anfrage vorbereitet zu sein. „Das ist ein kurzfristiges Geschäft", sagt Silke Böddeker, Leiterin Lager und Logistik „es gibt nie eine feste Planung, wie die kommende Woche oder der nächste Arbeitstag aussehen wird."

DER COMPUTER HAT EIGENE KRITERIEN

Das alles zu organisieren, gelingt schon lange nicht mehr ohne Computer. 2011 hat die Materialwirtschaft auf ein Lagerverwaltungssystem von SAP umgestellt, das die riesigen Lagerbestände im Werk noch raum- und bedarfsoptimierter verwaltet, als das ohnehin schon der Fall war.

Das neue System wird von Fachleuten etwas irritierend als „chaotische Lagerverwaltung" bezeichnet, weil der Computer nach eigenen Kriterien handelt, etwa der Quantität des Materialumschlags. „First in – first out" ist ein weiteres Lagerprinzip. Das heißt: Der Computer entscheidet über den Lagerplatz aufgrund freier Plätze und der Häufigkeit der Abfrage. Feste Strukturen, Hierarchien, Gruppen oder ein anderes Merkmal, woran sich ein menschliches Gehirn normalerweise orientiert, sind nicht mehr von Bedeutung.

> Wenn ein Radsatz irgendwo in Deutschland defekt ist, erreicht die Meldung das Werk Paderborn. Innerhalb von einigen Tagen stellt das Werk Ersatz bereit.

Teile ohne EDV-Unterstützung wiederzufinden, ist deshalb schwierig geworden. Der Vorteil liegt allerdings auf der Hand. Dank der neuen Methode können in möglichst kurzen Zeiträumen Radsätze, Puffer, Bremssohlen oder Wellen für die Fertigung bereitgestellt werden. Die Computer sind einfach schneller – und Schnelligkeit zählt.

DER WAGEN GIBT ARBEITSTEMPO UND ARBEITSAUFGABEN VOR

In Zukunft soll es noch schneller gehen. Dann werden die Materialboxen schon gepackt, bevor der vorgemerkte Güterwagen auf den Gleisen in Arbeit ist.

Nach der Untersuchung des Eingangswagens und der Auftragsvergabe liefert die zentrale Steuerungsabteilung im Werk für jeden Wagen automatisch über SAP eine Anforderungsliste an das Lager. Dort stellen die Lagermitarbeiter die notwendigen Teile für den Güterwagen zusammen, „kommissioniert" sie. Danach warten die großen blauen Gitterboxen in einem langen Hochregal auf den Transport an die Arbeitsgleise. Sobald der Wagen in die Fertigung rollt, ist es soweit. Der Computer fordert die Kiste an, der Gabelstapler liefert.

Schon bald soll die Vorkommissionierung Standard im Werk Paderborn sein. „Dann gibt der Wagen Arbeitstempo und Arbeitsaufgaben vor", sagt Josef Sicken.

Die neue Arbeitsweise stößt auch beim Vorstand der DB Fahrzeuginstandhaltung GmbH auf Interesse. Im Juni 2013 zeichnete der Vorstand der Bahntochter ein Projektteam des Werkes Paderborn für ein

Radsätze überall: Blick auf eine Verladestelle. Im Hintergrund ein historisches Gebäude des Werks, die „Schmiede".

MATERIAL-
WIRTSCHAFT

Gruppenführer Friedhelm Jugel arbeitet seit mehr als 40 Jahren im Lager. Er kennt sich aus – manchmal vielleicht besser als der Computer. Stress kann auch er nicht immer vermeiden. Foto rechts: Eine Flotte von Gabelstaplern ist ständig ständig zwischen den Lagern und „Materialbahnhöfen" in der Produktion unterwegs.

neues Konzept aus, das die Vorkommissionierung bei der Bearbeitung von Drehgestellen noch praxisnäher gestaltete.

ERFAHRUNG KANN KEIN COMPUTER ERSETZEN

Auch wenn die Technik immer mehr übernimmt – ohne Menschen, die sich auskennen, wird es auch in Zukunft nicht gehen. Friedhelm Jugel ist einer von ihnen. Seit 1970 arbeitet er im Werk, 1972 kam er ins Lager. Heute ist er als Gruppenführer für 15 Kollegen verantwortlich.

Im Lauf der Jahrzehnte hat er die technologischen Entwicklungsschübe der Logistikbranche aus erster Hand erlebt: von der

„Früher wusste ein Mitarbeiter, der lange im Lager gearbeitet hatte, aus dem Kopf, wo ein Teil zu finden war. Das ist heute nicht mehr möglich."

Karteikarte, die in den 1970er und 1980er Jahren durchaus noch Standard war, über das Tabellenprogramm Excel bis zur Einführung der SAP-Lagerverwaltung. „Früher war es anders", sagt er über das neue System, „wer lange genug im Lager gearbeitet hatte, wusste im Zweifelsfall auch aus dem Kopf, wo etwas zu finden war. Das ist heute nicht mehr möglich."

Wenn man den Gruppenführer in seinem Büro mit Blick auf Rampe und Lager besucht, herrscht dort reges Treiben. Kollegen besprechen die eingehenden Aufträge, ein Lkw muss mit Vorrang entladen werden und Mitarbeiter aus der Produktion kommen vorbei, um eine Anfrage persönlich zu besprechen. Friedhelm Jugel erledigt eins nach dem anderen. Das meiste hat er im Kopf, Telefonnummern, Ansprechpartner, Materialnummern.

Nach vierzig Jahren bringt ihn so schnell nichts mehr aus der Ruhe. Nur als vor einigen Monaten die Bauarbeiter anrückten und das Gleis entfernten, über das Jahrzehnte lang Waren in das Lager geliefert worden waren, hielt auch er inne. Jetzt steht dort das neue Hochregal mit den vorkommissionierten Gitterboxen: die Zukunft der Materialwirtschaft im Werk.

Beliefert wurde die Materialwirtschaft im Werk schon lange nicht mehr über diese Gleise. Das haben Lkw übernommen. Das weiß auch Friedhelm Jugel, und trotzdem. „Man hatte sich daran gewöhnt", sagt er. Doch das ist kein Argument in einer Branche, die unter ständigem Optimierungsdruck steht.

Da ist es fast tröstlich, dass selbst die EDV-gestützte Lagerwirtschaft Engpässe nicht ganz ausschließen kann. Etwa, wenn sich die Nachfrage aus dem Werk erhöht. Dann sind wieder die Menschen gefragt.

„Vor allem dienstags und donnerstags geht es rund", sagt Friedhelm Jugel. Er und seine Kollegen aus der Gruppe reagieren auf diesen Stress mit der Routine von Leuten, die schon viel erlebt haben: Jugel immer im Zentrum, ein Anruf hier, ein Schulterklopfen dort: ein Vermittler mit Herz und Seele, der sich im größten Trubel noch wohl fühlt. „Wir haben unsere Finger überall ein bisschen drin", sagt er, „in Kontakt bleiben, darum geht es in diesem Beruf."

> **Logistik steht unter einem ständigen Optimierungsdruck und muss das Verhältnis von Verfügbarkeit und Kosten immer wieder neu ausbalancieren.**

Das LogistikCenter Paderborn
Ein guter Name in Europa

In Sachen Ersatzteile für Güterwagen ist Paderborn überall in Europa eine bekannte Adresse. Vom LogistikCenter der DB Fahrzeuginstandhaltung im Werk Paderborn werden Schadensfälle und Havarien in ganz Europa gemanagt. Wenn ein ausländischer Güterwagen, der in Deutschland unterwegs ist, nicht mehr läuft oder wenn ein deutscher Wagen im Ausland entgleist: Das LogistikCenter ist immer der richtige Ansprechpartner.

Bis zu 80 dieser Problemfälle landen täglich digital auf den Schreibtischen von Andreas Kaese und seinen sechs Kollegen. Kaese ist Leiter des LogistikCenters, das seit dem Jahr 2000 im Auftrag des mit Abstand größten deutschen Transportunternehmens auf der Schiene, DB Schenker, den Kontakt zu den europäischen Partnern hält.

So ist den Bahnern das gelungen, was sich die Stadt Paderborn so sehr wünscht. Das Werk Paderborn kennt man in ganz Europa. „Das spricht sich herum, irgendwann steht man in allen Notizbüchern", sagt Kaese. Das LogistikCenter verwaltet selbst zahlreiche Adressen von europäischen Ansprechpartnern, außerdem noch eine ausführliche Bestandsaufnahme der Güterwagen und ihrer Ersatzteile aus den Nachbarländern. Schließlich muss im Schadensfall einwandfrei geklärt sein, welche Ersatzteile für die Reparatur notwendig sind.

> Das Werk Paderborn ist überall in Europa bekannt: „Das spricht sich herum, irgendwann steht man in allen Notizbüchern", sagt Andreas Kaese.

Für die Fahrzeuge von DB Schenker Rail, die im Ausland liegen geblieben sind, hat das Paderborner LogistikCenter ein umfangreiches Ersatzteillager aufgebaut. Im Werk stehen auf einer abgetrennten Fläche ausreichend Radsätze für alle Wagentypen bereit, in den Lagern des Werks werden die anderen Bauteile aufbewahrt: Bremsen, Lager, Puffer, Federungen oder was sonst noch an einem Güterwagen ausfallen kann. Im Notfall liefern Lkw die Ersatzteile so schnell wie möglich an die Werkstatt in dem betreffenden europäischen Land aus. „Wenn der Güterwagen leicht verderbliche Ware transportiert, muss es besonders schnell gehen", sagt Andreas Kaese.

Bei den in Deutschland havarierten ausländischen Fahrzeugen ist das LogistikCenter Paderborn für die Kommunikation mit den Haltern im Ausland zuständig. Auch in diesem Fall klären die Fachleute untereinander, was gebraucht wird. Die Lieferung geht direkt an die Werkstatt, die die Reparatur übernimmt. „Vor einigen Jahren war das noch anders", sagt Kaese, „damals waren wir in Paderborn noch das Verteilzentrum für solche Fälle. Dann konnte es passieren, dass die Österreicher Ersatzteile für einen Wagen, der in München verunglückt war, zu uns nach Paderborn schickten und wir die Sendung nach München weiterleiteten."

Nur für die Holländer übernimmt das LogistikCenter in Paderborn immer noch

Verteilerdienste. Güterwagen der DB Schenker Rail in den Niederlanden, die europaweit zu Schaden kommen, werden über Paderborn mit Ersatzteilen versorgt.

Das Arbeitsgebiet von Andreas Kaese erstreckt sich über ganz Europa, von Finnland bis Portugal und Skandinavien bis nach Griechenland. Zu Russland, auch nach China bestehen dagegen nur wenige Kontakte. Und auch mit den Partnern in der Türkei nimmt Kaese selten Kontakt auf.

Wer weiß, vielleicht ändert sich das ja. Schließlich kann Andreas Kaese an der Fallstatistik des LogistikCenters ablesen, wie gut die Wirtschaftsbeziehungen zu einem Land sind: je besser, desto mehr Schadensfälle.

Genug Radsätze für den Notfall: Andreas Kaese im Lager des LogistikCenters

Silke Böddeker, Leiterin Lager & Logistik

„Das ist Teamsache."

Silke Böddeker ist direkt aus der Frankfurter Bahnzentrale ins Werk Paderborn gekommen. Dennoch bedeutete der Wechsel in die Domstadt keinen kompletten Neuanfang für sie. Sie kommt aus Westfalen, aus dem benachbarten Kreis Höxter. Es war ihr Wunsch, nach Westfalen zurückzukehren, um wieder näher bei der Familie zu sein.

Da passte es gut, dass das Werk Paderborn eine Stelle für den Bereich Lager & Logistik ausgeschrieben hatte. Silke Böddeker ist eine Logistik-Fachfrau. Sie hat in Lemgo Wirtschaftsingenieurwesen mit dem Schwerpunkt Logistik studiert und danach für die DB Fernverkehr AG im Bereich Materialmanagement gearbeitet.

Paderborn war etwas Neues: von der Planungsabteilung in der Zentrale zum tagesaktuellen Geschäft im Paderborner Werk. Dazu kam, dass die Materialwirtschaft im Werk vor einschneidenden Veränderungen stand. Die Lagerverwaltung sollte auf die Software SAP umgestellt werden, und die neue Leiterin für Lager & Logistik sollte diesen Prozess begleiten. So wurde die Wunschstelle zur Herausforderung.

Das ist jetzt drei Jahre her und längst vergessen. Stressig kann es aber immer noch werden. Als Leiterin für Lager und Logistik sitzt Silke Böddeker an einer wichtigen Schnittstelle im Werk. Sie muss dafür sorgen, dass die Produktion immer rechtzeitig Werkteile und Material erhält. Wenn es irgendwo eng mit dem Materialnachschub wird, klingelt bei ihr das Telefon.

Außerdem versorgt das Werk Paderborn bundesweit Servicestellen und Werkstätten der DB Schenker AG mit Ersatzteilen und Radsätzen. Zuständig für das stressige Termingeschäft ist der Bereich Lager & Logistik – und dessen Leiterin Silke Böddeker steht auch hier in der Verantwortung.

Diese großen Kreisläufe – nach innen mit der Produktion und nach außen mit den Kunden – ständig in Gang zu halten, setzt viel Organisationsfähigkeit und einen tiefen Einblick in die Materialwirtschaft voraus. Von Vorteil sind auch ein kühler Kopf und ein ausgleichendes Temperament.

Es läuft eben nicht immer so, wie es sollte. Wenn es mal hakt, sind schnelle und flexible Reaktionen gefragt. Auf Dauer geht das nur, wenn alle zusammenarbeiten. Materialwirtschaft ist Teamsache, Einzelkämpfer sind hier verloren. Deshalb ist die Tür zum Büro von Silke Böddeker immer geöffnet. Dass sich die Kollegen die Klinke in die Hand geben, ist erwünscht.

Silke Böddeker ist eine der ersten Frauen, die in der Produktion im Werk Paderborn eine Leitungsstelle besetzen. Doch das ist für sie kein Thema. Es geht ihr um den Job, um eine Autorität, die sich aus der Fachlichkeit speist.

Sie schätzt die große Erfahrung, die die Mitarbeiter aus dem Werk mitbringen. „Viele Kollegen haben ihren Job seit Jahrzehnten von der Pike auf gelernt", sagt sie, „das ist ein großer Vorteil." Dass Westfalen manchmal ein wenig zurückhaltend sind und erst mal schauen, was kommt, stört sie nicht. Das kennt sie ja. Schließlich sei sie hier aufgewachsen, sagt sie: „Das passt schon."

Materialwirtschaft ist Teamsache. Silke Böddeker schätzt die große Erfahrung ihrer Mitarbeiter. „Viele Kollegen haben ihren Job seit Jahrzehnten von der Pike auf gelernt", sagt sie, „das ist ein großer Vorteil."

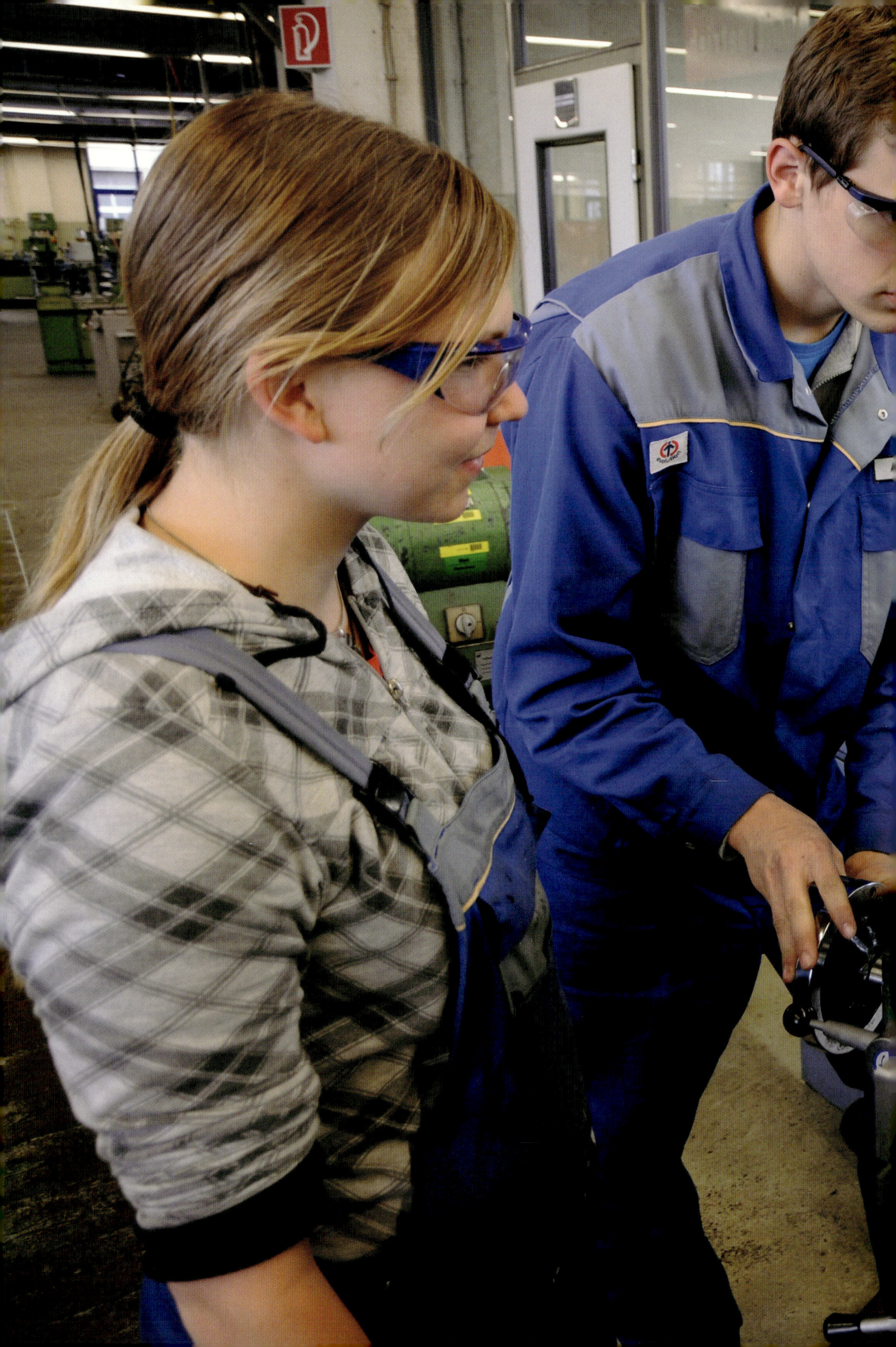

Der Blick nach vorne

Geh zur Bahn, hieß es in Paderborn, wenn junge Menschen eine gute Ausbildung suchten. Der gute Ruf der Ausbildungswerkstatt im Werk Paderborn gilt bis heute.

EIN BEGEHRTER AUSBILDUNGSPLATZ

Anfang des Jahres steht fest, wer im September neuer Auszubildender wird. Meinolf Pöppe, Gesamtkoordinator für Ausbildung im Werk Paderborn, und Stefan Berendes, Ausbildungs-Fachkoordinator, haben die praktischen und theoretischen Fähigkeiten der Bewerber geprüft, bevor sie sich für eine Einstellung entschieden haben.

Leicht ist ihnen die Wahl nicht gefallen. Nur ein Bruchteil der bis zu 150 Bewerber hat eine Aussicht auf einen Ausbildungsplatz. Gute Zensuren sind nicht allein ausschlaggebend. „Genauso wichtig ist das Einstellungsgespräch", sagt Meinolf Pöppe. „Wir wollen wissen, was für ein Typ ist das? Ist er teamfähig und motiviert?"

Der Andrang auf eine Lehrstelle war schon 1917 groß, als die damalige Wagenwerkstätte Nord den ersten Lehrlingsjahrgang einstellte. 66 Jungen nahmen damals die Lehre auf.

Seitdem haben mehr als 3.000 junge Menschen in der Ausbildungswerkstatt die Grundlagen für ihr Berufsleben gelegt. Der gute Ruf der Ausbildung im Werk Paderborn hat sich über die vielen Jahrzehnte gehalten, auch wenn sich viel geändert hat. Seit einigen Jahren ist die Ausbildung nicht mehr allein Sache des Werks. Die bundesweit agierende DB Training hat im Auftrag des Werks die Vermittlung der Grundlagen und der prüfungsrelevanten Ausbildungsinhalte übernommen.

Die Azubis werden jedoch weiter vom Werk angestellt und sie verbringen den Großteil ihrer Ausbildungszeit in den elf verschiedenen Meistereien. Ihre Ansprechpartner sind die Koordinatoren Meinolf Pöppe und Stefan Berendes. Pöppe steuert den gesamten Ausbildungsprozess. Er ist für die Einstellung der neuen Azubis und den Übernahmeprozess nach der Ausbildung verantwortlich, hält den Kontakt zur IHK, den Berufsschulen und der Agentur für Arbeit. Die Koordination der praktischen Ausbildung ist die Sache von Stefan Berendes. Er wählt in der Fertigung und den Werkstätten geeignete Arbeitsplätze für die Azubis aus, erstellt den „Fahrplan für die Ausbildung": einen detaillierten Ausbildungsplan und eine ständig aktualisierte Ausbildungsbiografie für jeden Azubi. Die Ausbildungskoordinatoren stehen im ständigen Kontakt mit den Ausbildern von DB Training.

> „Die Bahn gibt den Azubis eine Garantie auf die Weiterbeschäftigung nach bestandener Ausbildung."

Einer von ihnen ist Gerd Ginsko. Er hat in den 1970er Jahren selber hier gelernt, später im Werk gearbeitet, bevor er in die Ausbildungswerkstatt zurückkam. Den Profi kann nicht mehr viel erschüttern. Dennoch bleiben Überraschungen nicht aus. „Jeder Jahrgang ist neu und anders", sagt er.

Um sich auf die neue Berufswelt einzustimmen, fahren die Azubis zu Anfang ihrer dreieinhalbjährigen Ausbildung in ein Trainingszentrum der Deutschen Bahn. Eine Woche lang steht das Kennenlernen auf dem Programm, bevor in der Werkstatt der sechsmonatige Grundlehrgang beginnt.

Wer die Probezeit besteht, hat überaus gute Berufsaussichten und das nicht nur, weil die sorgfältige und vielseitige Ausbildung die angehenden Industriemechaniker hervorragend auf den Berufsmarkt vorbereitet. „Wir geben eine Garantie auf Weiterbeschäftigung nach bestandener Ausbildung", sagt Meinolf Pöppe.

100 JAHRE Werk Paderborn

AUSBILDUNGS-WERKSTATT

Drei Generationen von Auszubildenden: der erste Ausbildungsjahrgang 1917 - 1921 (Foto oben), Lehrlinge basteln 1943 Gesellschaftsspiele für Soldaten an der Front (Foto Mitte) und ein Blick in die Lehrwerkstatt in den 1970er Jahren.
Fotos: Ausbidungswerkstatt

71

AUSBILDUNGS-WERKSTATT

100 JAHRE Werk Paderborn

LEHRLING SIEMENSMEYER MELDET SICH ZUR STELLE

Als sicherer Arbeitgeber galt die Bahn schon, als Josef Siemensmeyer 1943 mit 63 anderen Lehrlingen seinen ersten Tag im Ausbesserungswerk Nord erlebte. Zuvor hatte der 14-Jährige aus Schloß Neuhaus bereits ein Jahr auf einem Bauernhof gearbeitet. Wer einen Metallberuf erlernen wollte, kam im sogenannten Dritten Reich um dieses „Landjahr" nicht herum.

Nach der Schufterei im Stall und auf dem Feld war die Ausbildung in Ausbesserungswerk fast eine Erholung, auch wenn dort strenge Sitten herrschten. Die Ausbildung war den Zielen der nationalsozialistischen Volksgemeinschaft untergeordnet, die Soldaten und im zivilen Leben an Gehorsam gewöhnte Befehlsempfänger brauchte.

Morgens um 6.45 Uhr, eine Viertelstunde vor Arbeitsbeginn, stand der obligatorischen Frühsport und der Fahnenappell auf dem Plan. Der Umgangston war soldatisch. „Lehrling Siemensmeyer meldet sich zur Stelle" musste es heißen, wenn der Lehrling etwas zu sagen hatte.

Es gab Haarappelle – „Fünf Zentimeter waren erlaubt, mehr nicht." – und viel Sport, auch im eigenen Schwimmbad. Einige Jahre zuvor war im Werk ein kleines, kreisrundes Freibad, eigentlich ein Feuerlöschteich, auf einer früheren Lokdrehscheibe entstanden.

Die Lehrlinge des Jahrgangs 1922 schauen nach der Prüfung 1926 recht entschlossen und energisch in die Kamera. Kein Wunder, nach Krieg und Inflation sieht es nach besseren Zeiten aus. Was kommen würde, ahnte noch niemand.
Fotos: Ausbidungswerkstatt

Das werkseigene Schwimmbad und die Sportanlagen wurden von den Lehrlingen eifrig genutzt – und auch die Ausbilder nutzten die Gelegenheit für ein Sonnenbad. Foto: Ausbidungswerkstatt

AUSBILDUNGS-
WERKSTATT

100 JAHRE Werk Paderborn

Der Krieg bestimmte den Alltag der Lehrlinge. Unter dem Titel „Sie schaffen Frontspiele" schrieb das Westfälische Volksblatt 1943 über einen Großeinsatz in der Lehrlingswerkstatt. Die Lehrlinge bastelten massenhaft Gesellschaftsspiele für die Soldaten an der Front.

Josef Siemensmeyer musste an der vierwöchigen Wehrertüchtigungszeit teilnehmen, während der er lernte, einen Karabiner auseinanderzunehmen, Handgranaten zu werfen und ein Maschinengewehr zu bedienen. Andere Lehrlinge traf es noch härter. Sie wurden Flakhelfer oder Soldaten.

Wer Pech hatte und vor dem Stichtag, dem 27. Januar 1928, zur Welt gekommen war, wurde direkt aus der Lehre zur Wehrmacht eingezogen. Einige von ihnen kehrten erst Jahre später zurück in die Ausbildungswerkstatt, andere kamen nie wieder.

Ein geregelter Ausbildungsbetrieb war in den letzten Kriegsjahren nicht mehr möglich. „Oft begann der Fliegeralarm am frühen Vormittag und wir saßen dann stundenlang im Luftschutzkeller."

Den 27. März 1945, den Tag des großen Bombenangriffs und der Zerstörung Paderborns, erlebte Josef Siemensmeyer aus halbwegs sicherer Ferne. An diesem Tag gehörte er zu den Lehrlingen, die zerborstene Fenster in Betriebswohnungen am Stadtrand auswechseln sollten.

Der junge Siemensmeyer sah von weitem, wie Paderborn in Flammen aufgig. „Ich habe überlegt, bringst du das Werkzeug zurück? Aber das war ja nicht mehr wichtig." Damit war der Krieg für ihn zu Ende. Erst im September ging die Lehrzeit weiter und auch das nur, weil das Werk anders als die meisten Gebäude in Paderborn das Kriegsende weitgehend unbeschadet überstanden hatte.

Einmal Ausbilder – immer Ausbilder: Josef Siemensmeyer (links und Seite links oben) und Josef Linnemann (Mitte und Seite links unten) bei einen Besuch ihrer früheren Wirkungsstätte. Ausbilder Gerhard Ginsko (Foto oben rechts) ist in den 1980er Jahren bei ihnen in die Lehre gegangen.
Fotos: Ausbildungswerkstatt (2), Flüter

ERBÄRMLICHE, ARMSELIGE ZEITEN

Allerdings hatten die Ausbilder die Lehrinhalte der Nachkriegszeit angepasst. Die Lehrlinge halfen bei der Enttrümmerung der Stadt mit.

Sie entsorgten den Barackenkomplex am Nordrand des Ausbesserungswerks, in dem die Zwangsarbeiter hatten leben müssen. „Völlig verwanzt und heruntergekommen" seien die vier Baracken gewesen, erinnert sich Josef Siemensmeyer. An dieser Stelle entstanden Sportanlagen und die Gärtnerei des Ausbesserungswerks. Die werkseigene Gärtnerei wurde in dieser Zeit zu einem wichtigen Lieferanten für die Kantine. Dennoch blieb der Speiseplan karg.

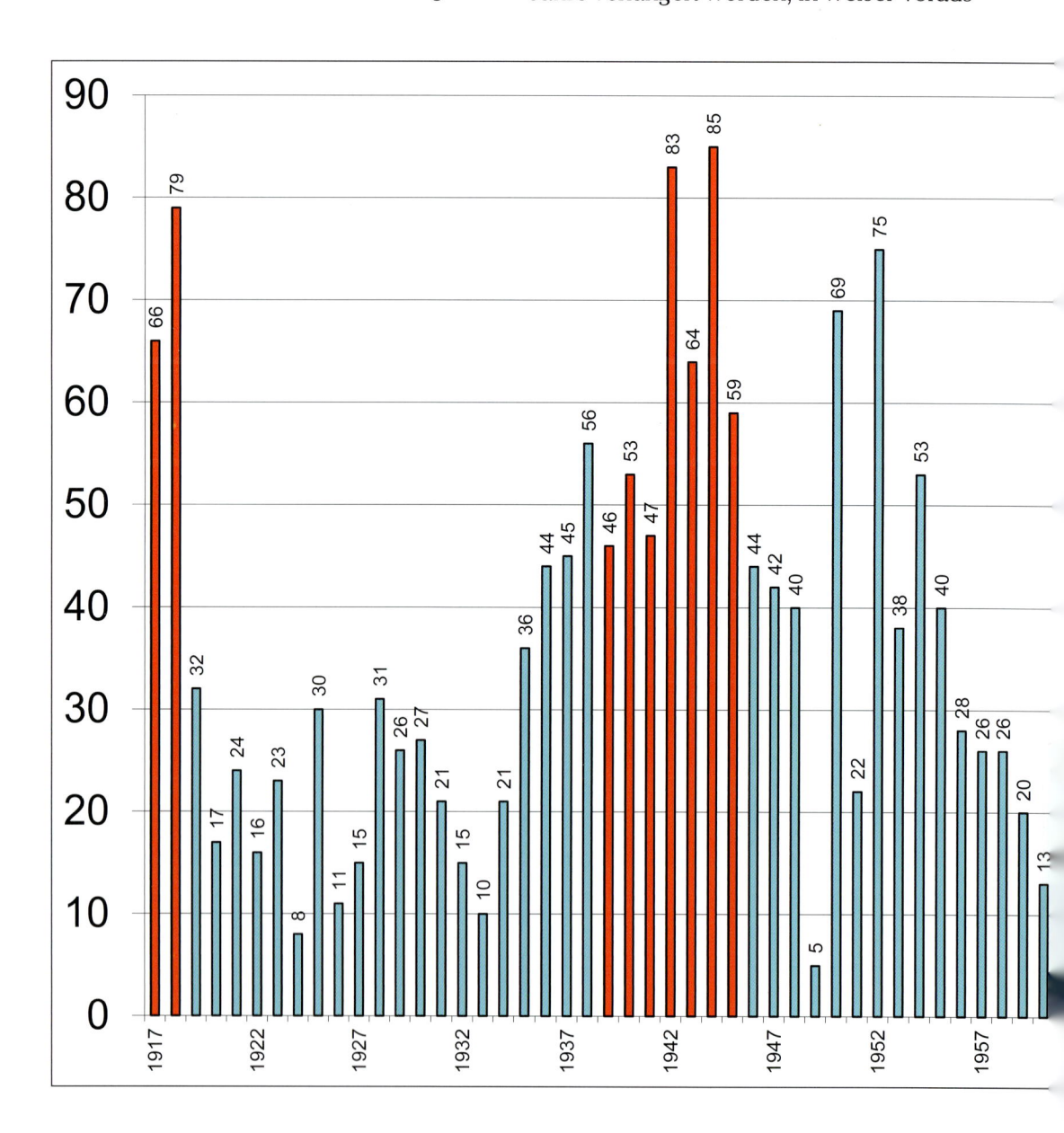

„Immer nur gedörrter Kohl", erinnert sich Josef Linnemann. Er wurde am 1. April 1947 Lehrling im Ausbesserungswerk – einer von 42. Seine Lehrzeit war auf vier Jahre verlängert worden, in weiser Voraussicht, dass es so bald keine Arbeitsplätze in ausreichender Zahl geben würde.

„Er waren erbärmliche, armselige Zeiten, in denen wir lernen mussten", sagt Josef Linnemann in der Rückschau. Für die Schlosser und Dreher standen nur zwei Schieblehren zur Verfügung. Wer das Werkzeug brauchte, musste sich anstellen. Selbst die Formulare für die Lehrverträge waren Mangelware. Aus Not nutzte das Werk die alten aus der Nazizeit und übermalte die Hakenkreuze auf den Seiten. Für die Wochenberichte der Lehrlinge war kein Papier mehr da. Sie fielen aus.

Josef Linnemann kam jeden Morgen mit dem Fahrrad aus Elsen. Sein Elternhaus war unbeschädigt. Viele andere Lehrlinge hatten es nicht so gut angetroffen. Sie lebten in Kellern oder Behelfsheimen oder waren in eines der Dörfer um Paderborn evakuiert worden. Andere kamen erst jetzt, Jahre nach dem Kriegsende, aus der Kriegsgefangenschaft zurück. Sie mussten die Lehre nachholen. In der Zwischenzeit

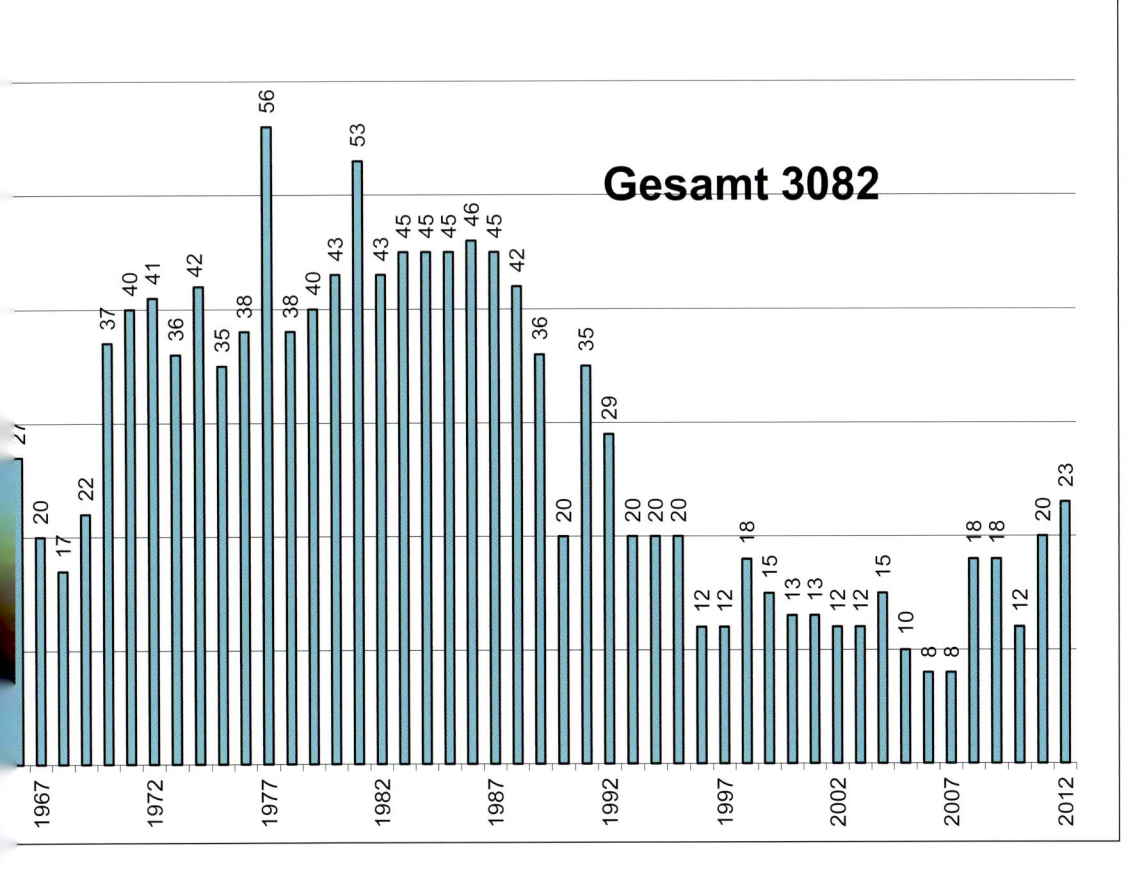

Gesamt 3082

3082 junge Menschen sind den 95 Jahren von 1917 bis 2012 im Werk Paderborn ausgebildet worden. Spitzenzahlen erreichten die Kriegsjahrgänge 1917 und 1942 bis 1945 – und 1952, als es wirtschaftlich wieder aufwärts ging. In den 1970er Jahren etablierte sich die Ausbildung auf einem gleichmäßig hohen Niveau. Auch die Ausschläge nach unten sind zeittypisch: 1922 während der Hyperinflation, 1932 zum Höhepunkt der Weltwirtschaftskrise. 1949 wirkte die Währungsreform nach und 1960 die Zusammenlegung der beiden Bahnwerke in Paderborn. Nach dem Rückgang im vergangenen Jahrzehnt geht es wieder aufwärts.

Grafik: Hans-Jürgen Höschen

waren aus den ehemaligen Jungs jedoch Männer geworden, die einiges erlebt hatten. In Anbetracht dieser Umstände hatte man ihre Lehrzeit verkürzt – eine denkwürdige Rückkehr blieb es trotzdem.

Einen Großteil seiner praktischen Ausbildung verbrachte Josef Linnemann in dem von Bomben schwer getroffenen, wieder aufgebauten Ausbesserungswerk am Hauptbahnhof. Das war schon immer so gängige Praxis gewesen.

In dem vielseitigeren Werk konnten die Lehrlinge mehr über die mechanischen Grundlagen ihres Berufs lernen. Dafür besuchten die Lehrlinge aus dem Werk am Hauptbahnhof im ersten Lehrjahr die Lehrwerkstatt im Ausbesserungswerk.

Auch Josef Siemensmeyer lernte im Werk am Hauptbahnhof und fand dort eine Stelle. Er blieb, bis das Werk 1960 aufgelöst wurde, und die Belegschaft in das Ausbesserungswerk Nord wechselte. 1963 nahm Siemensmeyer eine Stelle in der Lehrlingswerkstatt an. Dort wurden er und Josef Linnemann Kollegen. Linnemann stieß 1971 zu der Gruppe der Ausbilder. Er hatte bis dahin in der Werkzeugschlosserei gearbeitet.

VERÄNDERUNGEN: AUCH DIE AUSBILDER MÜSSEN LERNEN

Seit der eigenen Lehrzeit der beiden Männer hatte sich viel geändert. Die Eisenbahnfachschule, einst Stolz der Lehrlingswerkstatt, gab es nicht mehr. Die Lehrlinge hatten immer diese werkseigene Berufsschule besucht. Die Prüfung hatte ein Bahnausschuss abgenommen. Diese mehr als vierzigjährige Tradition endete Anfang der 1960er Jahre. Die Auszubildenden besuchen seitdem die öffentliche Berufsschule und legen wie alle anderen die Prüfung vor der Industrie- und Handelskammer Ostwestfalen-Lippe ab.

Dem Ruf der Ausbildungswerkstatt schadete das nicht. Wie hoch die Qualität des bahneigenen Ausbildungsgangs gewesen war, zeigte sich bei der ersten IHK-Prüfung. Sieben Auszubildende schlossen mit der Note „sehr gut" ab. „Da waren wir verblüfft", erinnert sich Josef Siemensmeyer, „bei uns hätten die wahrscheinlich nicht so gut abgeschnitten."

Die Ausbilder mussten die „Ausbildungseignungsprüfung" nachholen. Die Fortbildung setzt auf ein neues Medium. Nach Feierabend lernten die Ausbilder zu Hause vorm Fernseher.

Als die Haare der „Lehrlinge" immer länger wurden, änderte sich die Pädagogik und damit die Ansprüche an Ausbildung. Selbst gestandene Ausbilder wie Josef Siemensmeyer und Josef Linnemann mussten eine „Ausbildungseignungsprüfung" nachholen. Die Fortbildung setzte auf das neue Medium Fernsehen. Nach Feierabend verfolgten die Ausbilder zu Hause am Bildschirm Sendungen, die die pädagogischen Inhalte transportierten. Mit der Post kamen Bücher zur Verfestigung des Wissens. Vieles wussten die Ausbilder aus ihrer eigenen praktischen Erfahrung. Jetzt lernten sie, dieses Wissen systematisch einzusetzen. „Wir haben viel gelernt", sagt Josef Linnemann, „was wir aus dem Unterricht mitnahmen, konnten wir in der Werkstatt gut gebrauchen."

Trotz Fernsehen verzichtete auch diese moderne Art der Wissensvermittlung nicht auf den menschlichen Kontakt. Regelmäßig trafen sich die Ausbilder mit Professor Herbert Striebeck. Striebeck hatte Anfang der 1970er Jahre Aufsätze mit Titeln wie „Die Lehrer müssen die Schule ändern" veröffentlicht. Bei den Ausbildern, die in den Jahren vor und nach Kriegsende selber durch eine harte Lehre gegangene waren, kam die neue Pädagogik an, die auf mehr Selbstständigkeit und ein anderes Verständnis von Autorität aufbaute.

„Man kann jedem etwas beibringen, wenn man berücksichtigt, dass Menschen unterschiedlich viel Zeit brauchen und auch ihre eigenen Wege gehen", sagt Josef Linnemann.

Bezeichnenderweise wurde in diesen Jahren das Wort „Lehrling" abgeschafft und durch „Auszubildender" ersetzt. Professor Herbert Striebeck erläuterte den Seminarteilnehmern den Grund. „Kein Mensch redet von Studentlingen", sagt Josef Siemensmeyer, „warum sollte es dann Lehrling heißen."

FAMILIÄRE UMGEBUNG UND INDIVIDUELLE BETREUUNG

Bis zu zwölf Ausbilder kümmerten sich in den 1970er Jahren um die Auszubildenden. Die Ausbildungswerkstatt bildete für vier verschiedene Berufe aus: Maschinenschlosser, Dreher, Starkstromelektriker und „Junggehilfen", die in einer verkürzten Ausbildungszeit auf die Arbeit im Werk vorbereitet wurden. Die Ausbildung zum Schreiner war mit dem Ende der Holzwerk-

Moderne Technologie bestimmt zunehmend die Ausbildung.

AUSBILDUNGSWERKSTATT

100 JAHRE Werk Paderborn

Individuelle Betreuung für die Azubis: Meinolf Pöppe, Gesamtkoordinator für Ausbildung (links), und Fachkoordinator Stefan Berendes.

statt weggefallen. Als in den 1980er Jahren neue Berufsbilder eingeführt wurden, änderten sich die Ausbildungsbereiche. Seit 1987 werden nur noch Industriemechaniker ausgebildet.

Als Josef Linnemann und Josef Siemensmeyer in der Ausbildungswerkstatt arbeiteten, war der werkseigene Zusatzunterricht neben der Berufsschule Pflicht. Sport gehörte zum festen Angebot, vor allem Mannschaftssportarten wie Volleyball und Handball, aber auch Schwimmen im Kaiser-Karls-Bad.

Die Paderborner Teams nahmen regelmäßig an Sportturnieren teil – mit Erfolg, wie ein Blick auf die vielen Trophäen und Pokale beweist, die in Schränken und Vitrinen der Werkstatt aufbewahrt werden.

Sport als Unterrichtsfach gibt es schon lange nicht mehr. Andere Projekte blieben

Viel leitende Mitarbeiter im Werk Paderborn haben als Azubis in der Ausbildungswerkstatt das solide Fundament für ihre berufliche Laufbahn gelegt.

erhalten oder kamen hinzu. „Bahn-Azubis gegen Hass und Gewalt" ist seit 2000 eines der Projekte der Deutschen Bahn, an dem sich die Paderborner beteiligen. 2003 haben elf Jugendliche aus dem Werk den zweiten Platz für einen farblich gestalten Güterwagen „Kunst gegen Gewalt» erhalten. 2013 beschäftigten sich die Azubis unter der Leitung von Christina Vetter und Simon Dierkes von der Diakonie Paderborn-Höxter mit dem Thema „füreinander – miteinander". Bei den Jugendlichen kommt das gut an, meint Christina Vetter: „Alle sind interessiert. Das Klima ist offener als bei vielen anderen Seminaren dieser Art."

Das werden Meinolf Pöppe und Stefan Berendes gerne hören. Die Sozialkompetenz wird während der Ausbildung gezielt gefördert, etwa bei einem einwöchigen

Outdoortraining und – was noch wichtiger ist – durch die individuelle Betreuung während der kompletten Ausbildungszeit.

EINMAL AUSBILDER, IMMER AUSBILDER

Britta Aldekamp (19) ist nach dem Realschulabschluss zur Ausbildung bei der DB gekommen und die einzige Frau im zweiten Ausbildungsjahr, aber das stört sie nicht. Obwohl sie gerade erst die Hälfte der Ausbildung hinter sich hat, plant sie schon für die Zeit danach: Technikerin oder vielleicht doch Hufschmiedin – in ihrer Freizeit ist die junge Frau begeisterte Reiterin.

Mit ihrer fundierten Ausbildung stehen ihr viele Wege offen – gerade bei der Deutschen Bahn. Der Konzern hat den Nachwuchs schon immer gezielt gefördert. Erstaunlich viele leitende Mitarbeiter im Werk Paderborn haben als Azubis in der Ausbildungswerkstatt das solide Fundament für ihre berufliche Laufbahn gelegt.

Auch Josef Siemensmeyer und Josef Linnemann haben sich hochgearbeitet – Ausbilder im Werk müssen fachliche Qualitäten mitbringen. Vor allem aber brauchen sie eine besondere berufliche Motivation. Ausbilder zu sein ist kein Job, sondern eine Berufung. Das prägt und das streift man nicht so einfach wieder ab.

Bei Josef Linnemann und Josef Siemensmeyer kann man das gut beobachten. Als die beiden Ruheständler die Ausbildungswerkstatt nach vielen Jahren zum ersten Mal besuchen, fühlen sie sich sofort heimisch. Fast so, als könnten sie morgen wieder anfangen, Jugendliche auszubilden. Einmal Ausbilder, immer Ausbilder: Für diese beiden gilt das ganz bestimmt.

Auch sie schaut nach vorne: die Auszubildende Britta Aldekamp

MOMENTE

Schwere Arbeit, stille Idylle

Das Werk Paderborn hat immer wieder Fotografen den Auftrag für Fotoreportagen erteilt – um Arbeitsabläufe zu dokumentieren oder um die eigene Leistungsfähigkeit zu präsentieren. Neben den Auftragsarbeiten gelangen den Fotografen Momentaufnahmen, die den schweren Arbeitsalltag und stille Augenblicke im Werk einfingen.

Foto rechts: Ein Arbeiter mit Schweißerbrille reinigt ein Wagen-Drehgestell von Farbe und Rost, eine Tätigkeit, wie sie heute nicht viel anders ausgeführt wird.

Seite 84: Eine fast abstrakte Abbildung des Holzlagers. Jahrzehntelang hatte das Werk einen großen Holzarbeitsbereich, der aufgelöst wurde, als kein Holz mehr in Güterwagen verarbeitet wurde.

Seite 85: Die Lehrlinge haben ein stilles Fleckchen gefunden. Sie scheinen den Indianerspielen der gerade zu Ende gegangenen Kindheit nachzuhängen. Das Foto stammt vielleicht aus dem Vorkriegsjahr 1937, das lässt die Zahl auf der Wagenwand vermuten.

Seite 86: Pufferbearbeitung. Das Foto zeigt eine dreckige Arbeit an einem sauberen, aufgeräumten Arbeitsplatz. Absicht? Ein Hinweis auf die Realität sind die Bruchstellen im Bretterboden.

Seite 87: Ein Arbeiter füllt Schrauben in einen Kasten. Daneben eine hölzerne Sackkarre. Eine einfache Arbeit, aber ein großer Berg Schrauben.

MOMENTE

Foto: Stadtarchiv Paderborn /
Werk Paderborn

MOMENTE

Foto: Stadtarchiv Paderborn /
Werk Paderborn

MOMENTE

Foto: Stadtarchiv Paderborn /
Werk Paderborn

MOMENTE

Foto: Stadtarchiv Paderborn /
Werk Paderborn

MOMENTE

Foto: Stadtarchiv Paderborn /
Werk Paderborn

Generation

Wie der Vater so der Sohn. Bis heute bleibt die

envertrag

eit im Ausbesserungswerk in der Familie.

GENERATIONEN-VERTRAG

100 JAHRE Werk Paderborn

DIE FAMILIENTRADITION BLEIBT UNGEBROCHEN

Die Männer der Familie Tölle verließen frühmorgens das Haus, um zur Arbeit zu gehen. Der Weg war immer derselbe. Vom Haus der Tölles an der „Schönen Aussicht" eilten Clemens Tölle und sein Sohn Ekkehard über einen schmalen Fußweg, den „Bahneinschnitt", zum Bahnhof „Kasseler Tor".

„Mein Vater ging vor und ich musste mich beeilen, weil ich nicht so gut aus dem Bett kam", erinnert sich Ekkehard Tölle. Damals, vor vierzig Jahren, machte er im Ausbesserungswerk Nord eine Lehre als Schlosser. Je näher die Tölles dem Bahnhof kamen, desto mehr Männer gesellten sich zu ihnen. Im Süden der Paderborner Altstadt wohnten viele Arbeiter aus dem Ausbesserungswerk und sie nutzten die Möglichkeit, mit dem werkseigenen Zug zur Arbeit zu fahren. Endstation war ein Gleis im Ausbesserungswerk.

Hans-Jürgen Höschen hat als Kind ganz ähnliche Erfahrungen gemacht. „Morgens gingen alle Männer immer in die gleiche Richtung", erinnert er sich. Seine Familie lebte an der Borchener Straße, in der Nähe des Hauptbahnhofs. Die Häuser hatte die Eisenbahnbaugenossenschaft errichtet. „Um uns herum wohnten nur andere Bahner." Auf den Rasenplätzen zwischen den Häusern kickten Bahnerkinder gegeneinander. Einige trafen sich einige Jahre später in der Ausbildungswerkstatt an der Hermann-Kirchhoff-Straße wieder, unter ihnen auch Hans-Jürgen Höschen.

Das ist lange her. Der Zug, der die Mitarbeiter morgens ins Ausbesserungswerk brachte, hielt 1981 zum letzten Mal am werksinternen Bahnsteig. Doch Ekkehard Tölle und Hans-Jürgen Höschen arbeiten immer noch im Ausbesserungswerk, so wie schon ihre Väter, Großväter und Urgroßväter – und wie ihre Söhne. Die Familientradition bleibt auch in der nächsten Generation ungebrochen.

Clemens Tölle mit seinen Sohn Clemens, der Ehefrau und den Kindern
Foto: Tölle

Die Bahn bietet auch den Kindern eine berufliche Perspektive: Ekkehard Tölle mit seinem Sohn Alexander in der Drehgestellwerkstatt, die Ekkehard Tölle als Meister leitet.

EINE STELLE BEI DER BAHN WAR FÜRS GANZE LEBEN. HEUTE IST DAS ANDERS

„Ach so, du bist der junge Höschen." Das hat Sebastian Höschen häufig gehört, als er im Ausbesserungswerk Nord Auszubildender wurde. Im Werk kannten die meisten neuen Kollegen seinen Vater Hans-Jürgen, einige erinnerten sich sogar noch an seinen Großvater Franz Höschen.

Sebastian Höschen ist der vorerst Letzte in der langen Reihe von Bahnmitarbeitern, die aus der Familie Höschen kommen. 2005 begann er an der Hermann-Kirchhoff-Straße seine Ausbildung zum Industriemechaniker. Im Werk arbeitet er mit seinem Vater, dem Hauptwerkmeister Hans-Jürgen Höschen, in derselben Abteilung, der „Fertigungssteuerung", als Auftragsbetreuer. Er hätte sich nach der Realschule auch etwas anderes als die Bahn vorstellen können, sagt Sebastian Höschen. Trotzdem ist er stolz auf die Familiengeschichte.

Alexander Tölle, der Sohn von Ekkehard Tölle, hat 2005 die Ausbildung als Industriemechaniker bei der Bahn begonnen. Nach der dreieinhalbjährigen Ausbildung wechselte er für ein halbes Jahr in das Werk der DB Fahrzeuginstandhaltung in Fulda. 2009 kam er zurück nach Paderborn. Neben der

GENERATIONEN-VERTRAG

100 JAHRE Werk Paderborn

Hans-Jürgen und Sebastian Höschen im Werk Paderborn. Unten „Senneblitz" Franz Höschen vor einem Bus der „Gummibahn" (vordere Reihe)
Fotos: Flüter (oben) Höschen (unten)

Arbeit besuchte er die Abendschule, mittlerweile ist er Industriemeister. „Die Bahn hat mich dabei unterstützt", sagt er.

Die beiden jungen Männer schätzen die Bahn als guten Arbeitgeber, der einen sicheren Arbeitsplatz bietet und Mitarbeiter fördert. Beide können sich vorstellen, ihre berufliche Karriere langfristig bei der DB Fahrzeuginstandhaltung fortzusetzen.

Trotzdem hat sich etwas geändert. Für Sebastian Höschen und Alexander Tölle ist die Bahn ein ganz „normaler" Arbeitgeber. Das war bei den Urgroßvätern und Großvätern, zum Teil auch bei den Vätern noch ganz anders.

Wer bei der Bahn eine Stelle hatte, der blieb auch. Das war ein Arbeitsplatz fürs Leben. Der Übergang vom Vater auf den Sohn war fast selbstverständlich – ein Vertrag, der über viele Generationen reichte. Dass Großvater, Vater und Sohn gleichzeitig im Werk arbeiteten, war nicht selten. Die Bahn wurde in vielen Familien zu einem wesentlichen Teil der Familiengeschichte. So, wie bei den Familien Höschen und Tölle, deren Leben seit mehr als einem Jahrhundert mit der Bahn verbunden ist.

DIE BAHN WAR MINDESTENS DAS HALBE LEBEN – UND OFT NOCH MEHR

Die Bahngeschichte der Familie Höschen ist älter als 100 Jahre. Heinrich Tulfot, Urgroßvater von Sebastian Höschen mütterlicherseits, arbeitete Ende des 19. Jahrhunderts in der Güterabfertigung Beckum, sein Sohn Wilhelm Claes war 44 Jahre lang Lokschlosser im Reichsbahn-Werk Paderborn-Hauptbahnhof. Zeitweilig war er auch im Gleisbauzug Kassel beschäftigt.

Arbeitsplatz an der Karuselldrehmaschine: Konrad Höschen, der Urgroßvater von Sebastian Höschen, arbeitete als Dreher im Ausbesserungswerk Nord. Das Foto entstand vor dem 2. Weltkrieg. Foto: Höschen

Väterlicherseits ist die Generationenfolge der Bahner in der Familie Höschen bis heute ungebrochen. Schon Ururgroßvater Konrad Höschen fand eine Stelle beim Gleisbau. Mit seinem gleichnamigen Sohn begann in den 1920er Jahren die Familiengeschichte im Ausbesserungswerk Nord. Ein Foto aus den 1930er Jahren zeigt Konrad Höschen als Dreher neben einer großen Karuselldrehmaschine in der Radsatzbearbeitung.

Wahrscheinlich verstand es sich von selbst, dass auch der 1933 geborene Franz Höschen irgendwann mal bei der Bahn beschäftigt sein würde. Der Großvater von Sebastian lernte ab 1948 das Schreiner-Handwerk im Ausbesserungswerk. Damals hatte das Werk noch ein großes Holzlager. Das wirkte sich zu seinem Nachteil aus, als sich Franz Höschen beruflich weiterentwickeln wollte. Eine Ausbildung zum Lokführer, zunächst bewilligt, scheiterte, weil sich die Anforderungen verändert hatten. Lokführer mussten Erfahrungen aus einem Metallberuf haben, Schreiner waren plötzlich nicht mehr gefragt.

Franz Höschen wechselte zur „Gummibahn", den Bahnbussen. Schon bald war er unter dem Spitznamen „Senneblitz" bekannt. Sein Sohn Hans-Jürgen kannte die Hauslinie des Vaters über Schloß Neuhaus, Hövelhof, Stukenbrock und Sennestadt aus dem Effeff. „Ich bin schon als kleines Kind im Bus mitgefahren." 30 Jahre lang steuerte Franz Höschen den roten Bahnbus, ein Busfahrer mit „Leib und Seele", der sei-

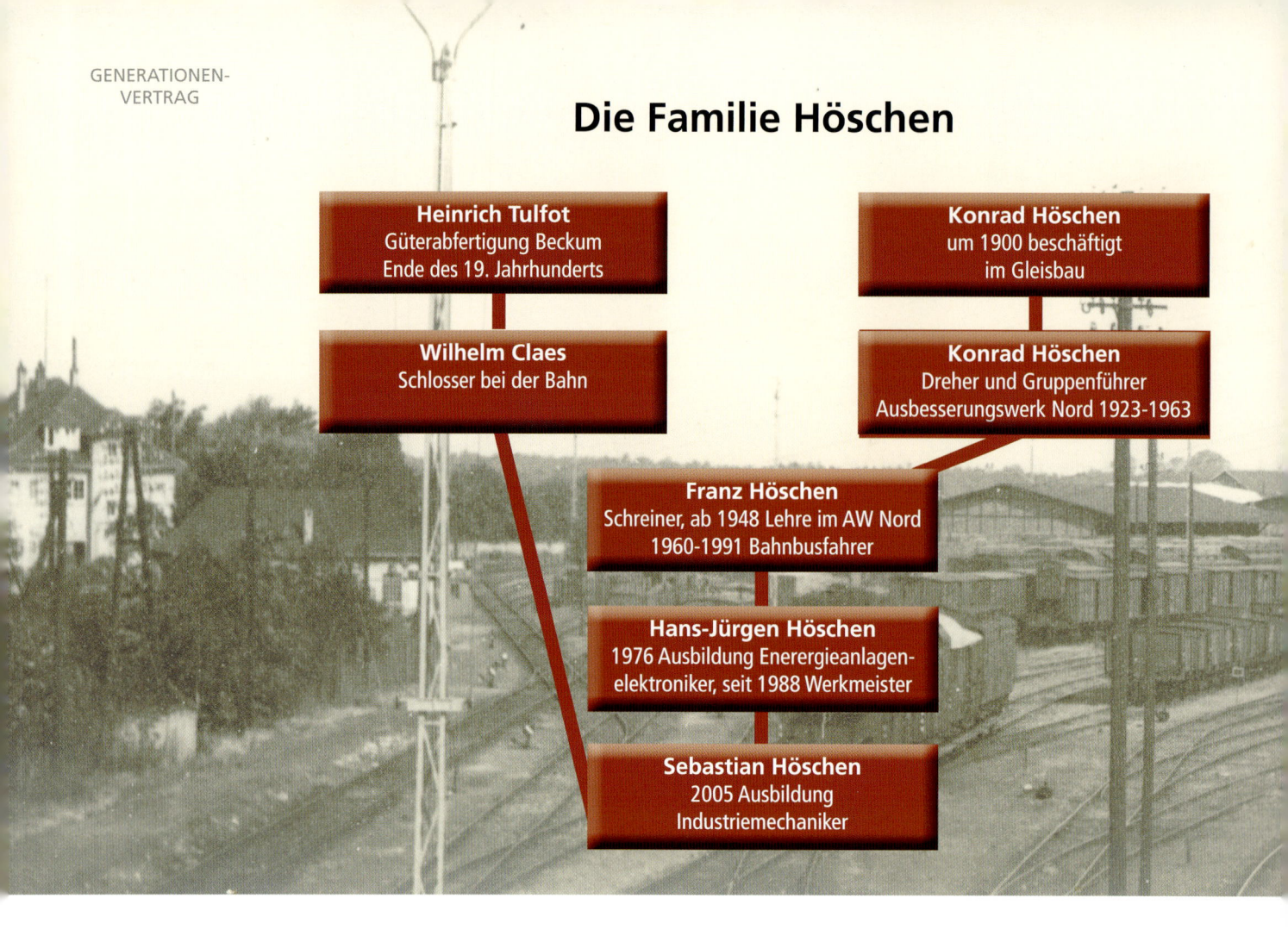

GENERATIONEN-
VERTRAG

Die Familie Höschen

Heinrich Tulfot
Güterabfertigung Beckum
Ende des 19. Jahrhunderts

Wilhelm Claes
Schlosser bei der Bahn

Konrad Höschen
um 1900 beschäftigt
im Gleisbau

Konrad Höschen
Dreher und Gruppenführer
Ausbesserungswerk Nord 1923-1963

Franz Höschen
Schreiner, ab 1948 Lehre im AW Nord
1960-1991 Bahnbusfahrer

Hans-Jürgen Höschen
1976 Ausbildung Enerergieanlagen-
elektroniker, seit 1988 Werkmeister

Sebastian Höschen
2005 Ausbildung
Industriemechaniker

nen Beruf liebte. Den Kontakt zur großen Bahnerfamilie pflegte er weiter. Fotos zeigen ihn stets gut gelaunt bei Ausflügen und Festen mit den Kollegen. So erinnert sich Hans-Jürgen Höschen an seinen 2011 verstorbenen Vater, der 1991 als beamteter Obertriebwagenführer aus dem aktiven Dienst ausschied.

Als Hans-Jürgen Höschen 15 Jahre alt war, zog die Familie nach Mastbruch. Sein Vater hatte der Familie dort ein eigenes Haus gebaut – mit tatkräftiger Unterstützung von Verwandten, Nachbarn und auch Arbeitskollegen, die nach Feierabend und am Wochenende anpackten. Das war selbstverständlich. „Man half sich gegenseitig", sagt Hans-Jürgen Höschen.

Das Grundstück in Mastbruch war groß genug, um ein Schwein, Hühner oder Kaninchen zu halten. Auch das war nicht außergewöhnlich. Die Selbstversorgung war notwendig, um über die Runden zu kommen.

Noch heute sind die großen Gärten Kennzeichen der Arbeiterviertel in der Paderborner Südstadt oder im Riemekeviertel. Sicherlich waren sie damals auch schon grüne Inseln der Erholung mitten in der Stadt. Vor allem aber dienten sie als Nutzgärten, die gutes Gemüse lieferten. Das war in den 1960er Jahren immer noch wichtig. Die mageren Nachkriegsjahre lagen noch nicht lange zurück.

Wenn die Verwandtschaft zu Besuch war, war die Bahn oft ein Thema. Schließlich waren auch einige Onkel und Cousins dort beschäftigt.

Wenn bei Höschens die Verwandtschaft zu Besuch kam, wurde oft über die Bahn geredet. Schließlich waren mehrere Onkel und Cousins bei der Bahn beschäftigt. Zu besprechen gab es immer etwas. Man arbeitete ja nicht nur im Ausbesserungswerk oder in einer Dienststelle zusammen, sondern war auch im Sozialwerk

GENERATIONEN-VERTRAG

Die Familie Tölle

Josef Tölle
seit 1919 Lokschlosser im Werk am Hauptbahnhof

Meinolf Klute
seit 1919 im Ausbesserungswerk Nord - Fahrzeugfertigung

Clemens Tölle
seit 1919 Verwaltungsangestellter im Ausbesserungswerk Nord

Clemens Tölle
Dreher und Werkzeugmacher, seit 1944 im Ausbesserungswerk Nord

Ekkehard Tölle
1974 Ausbildung Maschinenschlosser, seit 1988 Werkmeister

Alexander Tölle
2005 Ausbildung zum Industriemechaniker

oder in der Gewerkschaft aktiv. Schon die Kinder waren ein Teil dieser Welt, vor allem wenn sich in der Vorweihnachtszeit die Weihnachtsfeier des Bahn-Sozialwerks ankündigte und die „Tütenkarten" verkauft wurden.

Die Bahn war mindestens das halbe Leben, oft noch mehr. Dass der kleine Hans-Jürgen denselben Berufsweg bei der Bahn wie sein Vater, Großvater und Urgroßvater einschlagen würde, verstand sich fast von selbst. „Da wurde nicht lange überlegt", erinnert sich Hans-Jürgen Höschen.

Bei seinem eigenen Sohn war er später wesentlich zurückhaltender. Gedrängt hat er Sebastian nicht. Als der einen Ausbildungsplatz suchte und aus der Traumstelle nichts wurde, hat ihm der Vater dann doch das Ausbesserungswerk vorgeschlagen. Der Sohn war erst skeptisch, bewarb sich aber, durchlief wie alle anderen die übliche Prozedur an Tests und Gesprächen, bevor er 2005 den Ausbildungsvertrag unterzeichnete.

Bereut hat Sebastian Höschen diesen Schritt nicht. „Eine gewisse Vertrautheit war immer da", sagt Sebastian Höschen, „man weiß, hier haben schon Opa und Papa ihr Geld verdient."

> Dass Hans-Jürgen denselben Berufsweg bei der Bahn wie Vater, Großvater und Urgroßvater einschlagen würde, verstand sich fast von selbst.

„GEH DOCH ZUR BAHN, DA HAST DU EINEN SICHEREN ARBEITSPLATZ."

Die Bahngeschichte der Familie Tölle reicht bis zum Anfang des vergangenen Jahrhunderts zurück. Meinolf Klute, Großvater von Ekkehard Tölle mütterlicherseits, arbeitete seit 1919 in der Fahrzeugfertigung. Der andere Großvater, Clemens Tölle, wurde 1919, nach dem ersten Weltkrieg, Mitar-

GENERATIONEN-VERTRAG

100 JAHRE Werk Paderborn

beiter im neuen Ausbesserungswerk Nord. Dort blieb er 37 Jahre, bis zum Ende seines Berufslebens 1966.

Nicht viel anders verlief die Biografie seines Sohnes, der wie der Vater Clemens hieß. Er lernte 1944 bis 1947 Dreher und Werkzeugmacher im Ausbesserungswerk. Dabei hatten ihm die Nazis anfänglich die Lehrstelle verweigert, weil der katholisch erzogene Clemens nicht zur Hitlerjugend ging. Erst die Intervention der Mutter beim HJ-Fähnleinführer verschaffte ihm einen Ausbildungsplatz.

Dass auch die nächste Generation bei der Bahn lernte, war in den 1970er Jahren kein Muss mehr. Ekkehard Tölle entschied sich für das Ausbesserungswerk und damit für die Deutsche Bundesbahn, als aus der Bewerbung zum Fernmelder bei dem anderen Staatsunternehmen, der Deutschen Bundespost nichts wurde. „Vor allem meine Mutter drängte, dass ich zur Bahn gehen sollte. Da hätte ich einen sicheren Arbeitsplatz", erinnert er sich.

1974 trat Ekkehard Tölle die Lehre zum Maschinenschlosser an. Das mit der Sicherheit bewahrheitete sich dreieinhalb Jahre später, nach der Lehre. In Paderborn gab es keine freien Stellen, aber die Bahn sorgte für ihre Auszubildenden und vermittelte sie in andere Werke – so wie das dreißig Jahre später auch bei Alexander Tölle und Sebastian Höschen geschah.

Ekkehard Tölle wechselte ins Werk Witten, kam 1980 nach Paderborn zurück und machte bei der Kreishandwerkerschaft eine Ausbildung zum Handwerksmeister im Schlosserhandwerk. „Das war damals bei der Bahn noch nicht üblich", erinnert er sich, „wer sich weiterbilden wollte, machte das betriebsintern." 1986 holte Ekkehard Tölle die betriebsinterne Ausbildung nach und wurde Werkmeister. Damit erfüllte er die Voraussetzung für eine Beamtenlaufbahn.

VERBEAMTETE WERKMEISTER WIRD ES BALD NICHT MEHR GEBEN

Beamter ist auch Hans-Jürgen Höschen geworden. Nach anderthalb Jahren Ausbildung an der Eisenbahnfachschule in Troisdorf und in den Betriebswerken Hamm und Dortmund und im Ausbesserungswerk Krefeld-Oppum wurde er 1988 Beamter mit dem „Eingangsamt" Werkführer zur Anstellung, bürokratietauglich abgekürzt zu „Wf. z.A.".

Heute gehören die verbeamteten Werkmeister Ekkehard Tölle und Hans-Jürgen Höschen einem geschlossenen Bestand

Josef Tölle und Ehefrau Maria, um 1900
Foto: Tölle

an, der zusehends kleiner wird. Mitte der 1990er Jahre war mit der Ausbildung der Werkmeister und den Beamtenlaufbahnen Schluss, als die Privatisierung der Bahn einsetzte. Noch gehören in Deutschland etwa 40.000 Beamte der Bahn an, doch ihre Zahl nimmt stetig ab. Das Ende ist abzusehen.

WER WAS WERDEN WILL, DEM STEHEN VIELE WEGE OFFEN

Das Programm des berufsbegleitenden Lernens, wie es die Lebensläufe von Hans-Jürgen Höschen und Ekkehard Tölle geprägt hat, zeichnete die Bahn weiterhin aus. Wer was werden will und die Anlagen dazu hatte, dem standen und stehen viele Wege offen.

Zu allen Zeiten hat die Bahn ihren Nachwuchs auch für Führungspositionen vor allem im eigenen Personal gesucht. Vielen ehrgeizigen Mitarbeitern aus einfachen Verhältnissen bot sich so die Möglichkeit für den beruflichen Aufstieg – und lange Zeit eben auch auf die Verbeamtung im Staatsbetrieb Reichsbahn oder später bei der Deutschen Bundesbahn.

Beamte können die Söhne Alexander Tölle und Sebastian Höschen zwar nicht mehr werden. Dafür könnten sie mit ihren Qualifikationen in der Bahn Karriere machen – und auch in anderen Unternehmen gute Stellen finden. Diese Möglichkeit war ihren Vätern als Werkmeister verwehrt. Allerdings sind die Konditionen des Arbeitgebers Bahn so attraktiv geblieben, dass auch die Generation der Söhne nur ungern wechselt.

„Den Stallgeruch habe ich immer noch", sagt Sebastian Höschen über die Bahn, die seine Familie seit so vielen Generationen prägt. Dennoch: Ein Lebensort, fast eine Welteinstellung ist die Bahn nicht mehr für ihn.

Das unterscheidet Sebastian Höschen von seinem Urgroßvater, Großvater und Vater. Wenn Vater und Sohn Höschen privat zusammen sitzen, reden sie jedoch immer noch oft über das Werk. „Bei uns zu Hause", sagt Sebastian Höschen, „bleibt die Eisenbahn ein Thema."

Konrad Höschen, Urgroßvater von Sebastian Höschen, mit seinen Kollegen anlässlich der „Verabschiedung" des letzten Wagens einer Umbauserie.
Foto: Werk Paderborn

Gerhard Meier, Gruppenführer Strahlkabinen

„Die Erfahrung zählt."

Die Arbeit in der Strahlkabine ist der körperlich härteste Job, den das Werk zu vergeben hat. Der Stahlkies kommt mit einem Druck von sieben Bar aus zwei Zentimeter dicken Düsen. Das ist notwendig, damit die „Strahler" auch hartnäckige Farbreste von den Wagen herunterbekommen. Stundenlang müssen sie in den staubigen Strahlkabinen die Düse gegen die Metallflächen richten. Manchmal geht es nur Zentimeter für Zentimeter voran, vor allem die Farbe leistet Widerstand.

Die ganze Zeit über schleppen die Strahler schwere, 22 Meter lange Schläuche hinter sich her. Ihre Köpfe stecken in Helmen mit schmalen Sichtfenstern, an die sich nach unten ein Latz anschließt, der den Oberkörper vor schmerzhaften Abprallern schützt. Helm und Latz lasten auf Kopf und Schultern, von dem starken Druck der Strahler schmerzen Muskeln und Gelenke, das Blickfeld ist eingeschränkt, der Kollege nebenan im Staub ist kaum zu erkennen. In die Helme wird Frischluft geführt. Im Hochsommer ist sie heiß, im Winter eiskalt. Nach der Arbeit sitzt eine Handvoll Stahlkies in den Sicherheitsschuhen, winzige Splitter, die matt schimmern. „Der Stahlkies ist überall", sagt Gerhard Meier, „das kannst du nicht ändern."

Gerhard Meier ist Gruppenführer bei den „Strahlern" – zwanzig Männern, die im Drei-Schicht-Betrieb Güterwagen von Rost, Dreck und Farbe säubern. Durchschnittlich einen Wagen je Schicht, je Kabine. Sie arbeiten in zwei Strahlkabinen, die aussehen wie überdimensionierte Fotoateliers mit großen Leuchten an den Seiten, damit in der staubigen Luft etwas zu sehen ist.

Gerhard Meier ist 56, aber auch er zieht seine Schutzkleidung über und arbeitet in den Kabinen, wenn Kollegen fehlen. Als er in den 1970er Jahren zum ersten Mal zu den Strahlern kam, bat er nach einem halben Jahr um Versetzung. „Die Arbeit war mir zu schwer", sagt er. Irgendwann musste er zurück, es fehlten erfahrene Leute. Seitdem ist er geblieben.

Einige Jahre später machte die Werksleitung ihn zum Gruppenführer. Das ist ein Job, der Organisationsfähigkeit verlangt. Gerhard Meier muss sicher stellen, dass die Wagen zur Bearbeitung bereit stehen. Er plant den Personaleinsatz und kümmert sich um den wichtigen Papierkram und die Absprachen mit anderen Abteilungen.

Das alles hat er im Griff. Das Organisieren liegt ihm. Aber etwas anderes treibt ihn um. Er will den Teams die schwere Arbeit in den Kabinen erleichtern. Im Laufe der Jahre hat er sich viele Verbesserungen einfallen lassen. Latz und Schutzoverall bestehen aus dickerem Material als früher. Der Latz sitzt besser, weil er mit zwei Schlaufen statt nur einer befestigt wird. Eine abnehmbare Halskrause verhindert, das Staub und Dreck in den Helm ziehen.

Die Aufzählung ließe sich fortsetzen, doch trotz aller Verbesserungen bleibt die Arbeit schwer. Gerhard Meier weiß das. „In den Kabinen zählt Erfahrung", sagt er. „Man muss wissen, was man sich selbst und den Kollegen zumuten kann. Ohne dieses Vertrauen geht hier gar nichts."

Die Strahler arbeiten stundenlang in den großen Kabinen. Helm und der schwere Latz schützen vor dem Stahlkies. „Man muss wissen, was man sich zumuten kann", sagt Gerhard Meier, „sonst geht hier gar nichts."

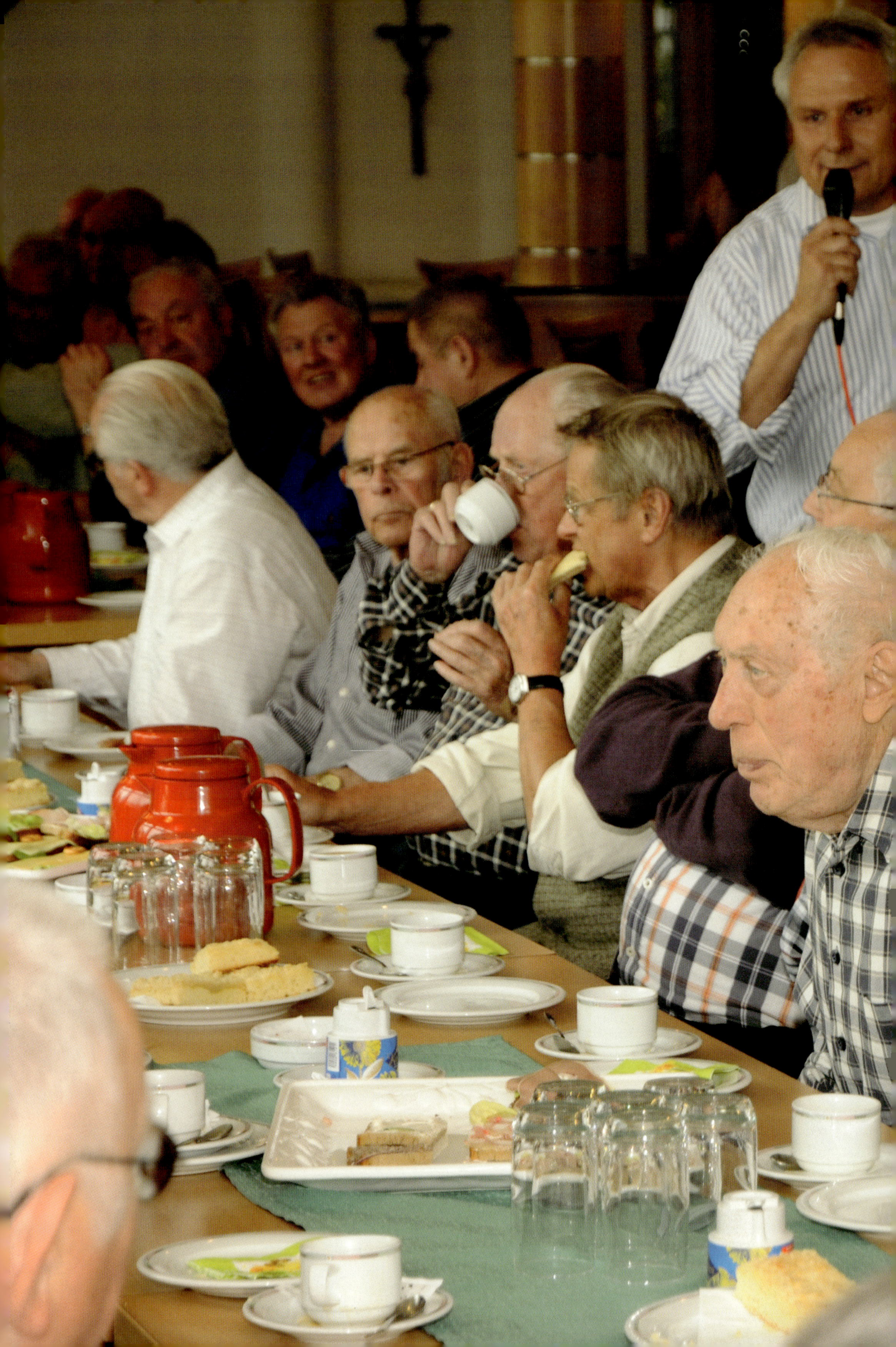

Die große Familie Bahn

Die Paderborner Ortsstelle des Bahn-Sozialwerks (BSW) ist älter als das Werk Paderborn. Seit 1899 erleben Bahner im BSW und dessen Vorgänger Eisenbahnerverein gemeinsam ihre Freizeit.

Der Vorsitzende Manfred Fingerhut begrüßt frühere Mitarbeiter der Deutschen Bahn zum „Ehemaligentreffen".

DAS BAHN-
SOZIALWERK

Die Kleidung war ein wenig gesetzter als heute, als der Werksleiter und BSW-Vorsitzende Wolfgang Arnicke in den 1970er Jahren die Rentner und Pensionäre der Bahn zur Ehemaligenfeier in die Sozialräume des Ausbesserungswerks Nord einlud. Doch sonst war vieles vergleichbar: Die Treffen waren gut besucht, die Stimmung entsprechend. Foto: Werk Paderborn

Vom Eisenbahnerverein zum Bahn-Sozialwerk

Wer bei der Bahn arbeitet, ist fast immer auch Mitglied im Bahn-Sozialwerk, dem „BSW". Das ist heute nicht viel anders als vor hundert Jahren. 1899 als Eisenbahnerverein in Paderborn gegründet, sorgte das „BSW" für Kranke und unterstützte hilfebedürftige Familien, organisierte Ausflüge und Kulturveranstaltungen für die Mitarbeiter und betrieb eine große Bibliothek. Bis heute bietet das BSW in Paderborn viele Möglichkeiten: vom Amateurfunk bis zum Modellbau, von Fernreisen bis Kuren. Unverzichtbar war das BSW in Notzeiten wie nach dem Zweiten Weltkrieg. Dann wurde das Sozialwerk überlebenswichtig.

1899

Am 26. Juni 1899 wird der Eisenbahnerverein für Paderborn und die Ortschaften Wewer, Neuenbeken und Scharmede gegründet. Die Hauptaufgaben sind: Hilfe für Notleidende, Gründung einer Bücherei, Ausgabe von Kohlen und Kartoffeln, Sommerausflüge.

1905

Der neu gegründete Frauenverein zählt schon bald 350 Frauen. Der selbstständige Verein hat einen eigenen Vorstand – erster Leiter ist mit dem Regierungsrat Becker ein Mann. Der Frauenverein leistet Krankenpflege und die Ausgabe von Fleischwaren, Kolonialwaren, Milch und Bekleidung für Bedürftige. Dafür wird eine hauptamtliche Fürsorgerin eingestellt.

EINE SOZIALE TRADITION BEWÄHRT SICH IN SCHWEREN ZEITEN

Im November 1945 trafen sich die Leiter der Reichsbahn-Dienststellen aus Paderborn, Geseke und Lippstadt. Ein Thema bestimmte ihre Tagesordnung: Überleben. Der Krieg war nach sechs schlimmen Jahren zu Ende, Paderborn lag in Trümmern und dazu noch dieser strenge Winter. Selbsthilfe war gefragt.

Die Eisenbahner konnten auf ihre Erfahrung bauen. Schließlich hatten sie eine große soziale Tradition, den Eisenbahnerverein, den Mitarbeiter der Bahn im Jahr 1899 in Paderborn ins Leben gerufen hatten, um das Gemeinschaftsleben und die solidarische soziale Hilfe für in Not geratene Kollegen zu fördern.

Doch so schlimm wie in diesem Herbst 1945 war die Lage noch nie gewesen. Die Eisenbahner und ihre Familien hungerten, Fälle von Tuberkulose häuften sich. Viele Familien hatten alles verloren, die Zahl der Witwen und Waisen war hoch. Die Menschen brauchten medizinische und seelische Fürsorge und konkrete Hilfen im Alltag, vor allem weil der Winter bevorstand.

Als die Dienststellenleiter an diesem 15. November 1945 auseinander gingen, hatten sie den alten Eisenbahnerverein wiederbelebt, wenn auch unter einem neuen Namen. „Reichsbahn Sozialwerk, Ortsstelle Paderborn" hieß der ehemalige Eisenbahnverein ab jetzt. Vorsitzender des Sozialwerks wurde der Werkdirektor des Ausbesserungswerks Paderborn Nord, Rolf Siewert.

Die 1962 entstandene, von der Verwaltungsmitarbeiterin Mathilde Erkmann verfasste Chronik der ersten Jahrzehnte von Eisenbahnverein und Sozialwerk zählt im Rückblick die Aufgaben auf, die Siewert und seine Helfer erwarteten: „die Betreuung der Tuberkulosekranken, Überbrückungsgelder der in den Ruhestand tretenden Mitglieder, Heilkuren, Kinderkuren

> „Kranke Kinder und Mütter bekamen für sechs Wochen täglich einen halben Liter Milch und wöchentlich ein halbes Pfund Butter."

DAS BAHNSOZIALWERK

1920
Die Franziskusschwestern der Familienpflege übernehmen die Krankenpflege in bedürftigen Familien sowie die Haushaltführung und die „Wochenhilfe", wenn die Mutter krank, im Wochenbett oder in Kur ist. Die Familien können die Dienste der Schwestern kostenlos in Anspruch nehmen. Vier bis fünf Schwestern sind regelmäßig für den Eisenbahnerverein tätig.

1926
Oberbaurat Schmidt wird 1926 Leiter des Eisenbahnervereins. Bis 1937 baut er die Angebote und Einrichtungen des Vereins zielstrebig aus. Die medizinische und soziale Fürsorge steht im Zentrum der Arbeit. Eine eigene Nähgruppe stellt Wäschepakete für Kinder her. Die ersten Weihnachtsfeiern finden statt.

usw." Die Einrichtung von Handwerkerstuben, besonders von Schuhmacherwerkstätten, wurde angeregt.

Für die Eisenbahner in Paderborn und ihre Angehörigen wurde das Sozialwerk in den folgenden Jahren zu einem wichtigen Notanker bei sozialen, finanziellen und medizinischen Problemen. Von Bedeutung blieb das BSW auch nachdem die schlimmsten Kriegsfolgen ausgestanden waren. Als die materiellen Grundlagen der Menschen gesichert waren, entwickelte sich das Sozialwerk zu einem Impulsgeber für das soziale, gesellschaftliche Leben der Bahner in Paderborn.

Schon Anfang der 1950er Jahre kehrte die Normalität allmählich wieder ein. Die Mitglieder des Sozialwerks gründeten Orchester und Chöre, unternahmen Ausflüge und besuchten Theateraufführungen, spielten Schach und wurden Funkamateure. Das Ausbesserungswerk Nord war dank des Sozialwerks mehr als nur ein Werk. Es wurde zu einem Lebensmittelpunkt für die Mitarbeiter und ihre Familien, so wie es das in den Jahrzehnten vor dem Krieg schon gewesen war.

1899: GRÜNDUNG DES PADERBORNER EISENBAHNERVEREINS

Der Gründer der Eisenbahnervereine im Deutschen Reich, Franz Ulrich, hätte seine Freude an den Paderborner Eisenbahnern in den Notjahren nach dem Krieg gehabt. Ulrich, Präsident der Königlichen Eisenbahndirektion in Kassel, gründete dort 1896 den ersten Eisenbahnerverein. Er strebte die Stärkung des Gemeinschaftsgefühls unter den Eisenbahnern an. Soziales, Kultur und Unterhaltung sollten diesem Zweck dienen. Wie das geschehen sollte, hielten die Gründer des Paderborner Eisenbahnvereins bei der Gründung 1899 schriftlich fest. Aufgabe des Vereins

> Für Eisenbahner und Angehörigen in Paderborn wurde das Sozialwerk in den Jahren nach dem Krieg zu einem wichtigen Notanker bei allen Problemen.

1929

An der Alme übernimmt der Eisenbahnerverein ein Familienbad und baut es aus. Das Grundstück an beiden Seiten der Alme pachtet der Verein von der Gemeinde Elsen und der Reichsbahn. Das Freibad ist mit Sprungbrettern, Brausen, Umkleidekabinen und Toiletten ausgestattet. Die Aufsicht hat ein Bademeister.

1939

Der Eisenbahnerverein wird seit 1933 von den Nationalsozialisten „gleichgeschaltet". Seit 1933 greift die NSDAP zunehmend in das Vereinsleben ein. Dem Vorstand müssen 51 Prozent Mitglieder der NSDAP angehören. Der Frauenverein wird der NS-Frauenschaft angegliedert. 1939 folgt die Umbenennung in „Kameradschaftswerk".

sei die „Hilfe bei Notleidenden", die „Unterhaltung einer Bücherei", die Einrichtung von Ausgabestellen für Kohlen und Kartoffeln sowie die Durchführung von Sommerausflügen.

Von Ulrich stammte die Anregung zur Gründung von Eisenbahn-Frauenvereinen, die die Paderborner 1905 aufgriffen. Der Paderborner Frauenverein wuchs rasch. Bald gehörten ihm schon 380 Frauen an. Die Frauen waren zuständig für Kranken- und Wöchnerinnenpflege, aber auch für die Unterstützung von Eisenbahnerfamilien, in denen die Frau und Mutter erkrankt war.

Schon bald unterstützte der Frauenverein durchschnittlich 120 Familien im Jahr, verteilte Lebensmittel und Bekleidung und stellte eine eigene „Pflegerin" ein. Das Geld für die umfangreichen Aktivitäten stammte aus Beiträgen, Beihilfen der Eisenbahndirektion und vom Eisenbahnverein. Als mit der Gründung des Wagenwerks am Nordbahnhof 1913 auf einen Schlag mehr als 500 Eisenbahner in Paderborn eingestellt wurden, wuchs der Eisenbahnerverein. Der Trend setzte sich fort, denn mit der Einstellungsurkunde unterschrieben neue Mitarbeiter fast immer auch die Mitgliedschaft im Eisenbahnerverein.

Nicht nur an der Basis war der Verein fest verankert. Sein Einfluss im Werk und innerhalb der Reichsbahn, aber auch in Paderborn wurde durch die prominente Besetzung des Vorstands gesichert. Fast ein Jahrhundert lang übernahmen Paderborner Werkdirektoren der Eisenbahn den Vorsitz. Ihr persönliches Wirken beeinflusste die Arbeit des Vereins entscheidend.

> Der Frauenverein wuchs rasch. Die Frauen waren zuständig für Kranken- und Wöchnerinnenpflege, aber auch für Familien, wenn die Mutter erkrankt war.

Oberbaurat Schmidt war einer dieser Männer. Er wurde 1926 Leiter des Werks am Hauptbahnhof und wenig später des Eisenbahnervereins. Beide Ämter hatte er bis 1937 inne. In wenig mehr als einem Jahrzehnt gelang es ihm, die Angebote und

DAS BAHN-
SOZIALWERK

1946
Im Januar werden die Schusterwerkstätten eröffnet. Die Auszubildenden stellen Spielsachen her. Ausgebombte erhalten neue Möbel zu Fabrikpreisen. Sogar eine Rübenpresse schafft das Sozialwerk 1947 an, um eigenen Sirup herzustellen.

1946
Mehr als 1000 Kinder erhalten finanzielle Leistungen vom Sozialwerk. Es handelt sich um Waisen, Mädchen und Jungen unter zehn Jahren und Kinder, deren Väter sich in Kriegsgefangenschaft befinden.

Einrichtungen des Vereins zielstrebig auszubauen. Sogar ein Freibad für die Eisenbahner übernahm der Verein von der Stadt Paderborn und baute es aus. Im Zentrum der Arbeit stand jedoch die Fürsorge für kranke und sozial bedürftige Mitarbeiter und deren Familien. Die „Kinderverschickung" – also die Aufenthalte von kranken und erholungsbedürftigen Kindern in Seebädern, auf dem Land oder im Gebirge - gehörte dazu. Weitere Dienste waren Kuren für Mütter, Hilfe bei Krankheiten in der Familie, die Pflege von Tbc-Kranken und die Ausgabe von Bekleidung und Lebensmitteln.

Die Chronik beschreibt die typischen Hilfeleistungen: „Kranke Kinder und Mütter bekamen für sechs Wochen täglich einen halben Liter Milch und wöchentlich ein halbes Pfund Butter." Wenn Familienmitglieder an Tuberkulose erkrankt waren, besorgte der Eisenbahnerverein Pflegehilfsmittel und ein „vollständiges Bett".

Schmidt entwickelte mit einem Team enger Mitarbeiterinnen und Mitarbeiter neue Projekte. Der Frauenverein richtete eine eigene Näherei mit sechs Nähmaschinen ein. Bis zu zwanzig Mitarbeiterinnen nähten und strickten hier. Frauen aus dem Frauenverein fuhren zusammen mit Schmidt nach Windelsbleiche, um dort in der bekannten Firma von Gustav Windel „größere Mengen Wäsche" zu kaufen. Familien mit Neugeborenen erhielten Säuglingswäsche, Kinder erhielten von ihren Kuren Wäsche und Kleidungsstücke. Auch Kommunionkinder und Konfirmanden wurden eingekleidet.

Der Frauenverein richtete eine eigene Näherei mit sechs Nähmaschinen ein. Bis zu zwanzig Mitarbeiterinnen nähten und strickten hier.

Vor allem in der Adventszeit stieg die Aktivität im Eisenbahnerverein stark an, denn dann standen die Weihnachtsfeiern bevor. „In der Hauptsache beschenkte der Eisenbahnerverein die kinderreichen Familien, Waisen und Halbwaisen", heißt es in der Chronik. „Jedes Kind bekam ein Spielzeug, eine Tüte Süßigkeiten, ein Stück Hemdentuch und ein nützliches Wäschestück." Die Spielzeuge fertigten Vereinsmitglieder. Der Nikolaus, der die Geschenke verteilte, wurde vom Vorsitzenden selbst dargestellt.

In den Sommermonaten herrschte im Almebad täglich Hochbetrieb.
Foto: Stadtarchiv Paderborn / Wedekin

Das ließ sich der Oberbaurat nicht nehmen: „Es war seine größte Freude, wenn er selbst den Heiligen Mann verkörpern konnte, um alle zu beschenken" heißt es in der Chronik über Schmidt. „Nicht selten legte er noch Geschenke aus eigener Tasche hinzu."

Die Sommer- und Winterausflüge, die 1902 zum ersten Mal stattfanden, erlebten bald einen großen Aufschwung. Zu „wahren Volksfest(en)" hätten sich diese Fahrten entwickelt, heißt es in der Chronik.

Als Ziele „konnten nur Orte gewählt werden, die einen großen Saal hatten. Die Bahnsteige mussten für die langen Züge lang genug sein." Grund für die große Nachfrage waren auch die niedrigen Fahrpreise von dreißig bis vierzig Pfennig. Das alles lockte so viele Bahnerfamilien an, dass gleich an drei aufeinanderfolgenden Sonntagen ein Sonderzug mit jeweils 1000 unternehmungslustigen Fahrgästen aus dem Paderborner Hauptbahnhof rollte. Ziele waren landschaftlich reizvolle Orte an der Weser – Hameln, Porta Westfalica, Bad Karlshafen – oder im Sauerland, der Hengsteysee bei Hohensyburg oder die Wilhelmshöhe bei Kassel.

Die Ausflüge waren beliebt: Drei Sonderzüge mit 1000 Eisenbahnern und ihren Familien fuhren zu landschaftlich reizvollen Zielen in der Region.

Überschüsse wurden bei diesen Fahrten nicht erzielt, dafür waren die Fahrpreise mit Absicht knapp kalkuliert. Dennoch war die Finanzlage des Eisenbahnervereins offensichtlich gut. Ende der 1920er Jahre konnte der Verein das „Almebad" zwischen Elsen und Paderborn übernehmen und renovieren. 28.000 Mark kostete der Ausbau des „ausgezeichnet eingerichteten" Familienbades. Das meiste hatte der Verein aus seiner Kasse gezahlt. Die Stadt Paderborn stellte einen Zuschuss von fünf- bis sechstausend Mark zu Verfügung. Das Bad war voll ausgestattet. „Sprungbretter, Brausen, Umkleidekabinen, Toiletten" zählt die Chronistin stolz auf: „Die Liegewiesen wurden gut gepflegt." Sogar einen Bademeister gab es und einen Ausschank mit Getränken und „Backwaren".

Das Almebad wurde von den Eisenbahnern und deren Familien sehr rege in Anspruch genommen. Während der Sommermonate herrschte „täglich Hochbetrieb". Der Eintritt kostete für Erwachsene 20 Pfennig, für Kinder die Hälfte.

Die sich zuspitzende politische Situation veränderte auch das Vereinsleben. Die umfassende Gleichschaltung aller öffentlichen Einrichtungen, Vereine und Verbände durch die Nationalsozialisten traf den Eisenbahnerverein. So mussten mindestens 51 Prozent der Vorstandsmitglieder der NSDAP angehören.

Der Frauenverein wurde zwangsweise der NS-Frauenschaft angegliedert. „…so wurde alles von oben überwacht und dirigiert", heißt es in der Chronik. 1939 musste der Eisenbahnerverein seinen Namen in „Kameradschaftswerk" ändern.

DAS ÜBERLEBEN SICHERN: NACH DEM KRIEG WAR SOLIDARITÄT GEFRAGT

Sechs Jahre und einen Krieg weiter kämpften die Paderborner um die bloße Existenz. Die Mangelernährung war mitverantwortlich für eine flächendeckende Ausdehnung der Fälle von Tuberkulose. Die Betreuung der TBC-Kranken war eine vordringliche Aufgabe. Wertvolle Hilfe kam aus dem Ausland. Ab Anfang 1946 erhielt die Ortsstelle des Sozialwerks von der „Schwedenspende" Geld und Sachmittel. Mit einem Lastwagen holten die Paderborner Lebensmittel, Wäsche und Kleidung aus Lübeck ab. Auch das Britische Rote Kreuz stellte Spenden zur Verfügung.

Das reichte längst nicht. Den „Ausgebombten" fehlte es praktisch an allem. Unkonventionelle Ideen waren gefragt, um das Überleben zu sichern. Eine bestand in der Gründung von „Handwerkerstuben". Schon im Januar 1946 wurden in den Werken Paderborn Nord und Paderborn Hauptbahnhof Schuhmacherwerkstätten eröffnet.

Im Herbst 1947 nahm das Sozialwerk eine Rübenpresse in Betrieb. „Es wurden 14 kg Rübensyrup von 100 kg abgelieferten Zuckerrüben ausgegeben."

Auch die Lehrlinge wurden eingebunden. Sie stellten Spielsachen her. Um die Ernährungssituation zu verbessern, nahm das Sozialwerk im Herbst 1947 sogar eine Rübenpresse in Betrieb. „Es wurden 14 kg Rübensyrup von 100 kg abgelieferten Zuckerrüben ausgegeben", meldet die Chronik. Im Hauptbahnhof unterhielt die Ortsstelle einen Ausstellungsraum für Möbel und Hausrat. „Totalgeschädigte Bedienstete" konnten hier zu Fabrikpreisen einkaufen.

Organisiert wurden diese Hilfeleistungen von einer festangestellten Fürsorgerin des Sozialwerks, allgemein als „Fräulein Filter" bekannt. Sie hatte schon vor 1945 berufliche Erfahrung im Eisenbahnerverein gesammelt. Im Chaos des Kriegsendes handelte sie auf eigene Faust. Als sich die Kriegshandlungen nach Ostwestfalen verlagerten, brach der Kontakt zu den Kindern aus Eisenbahnerfamilien ab, die zur Kur im Eisenbahnerverein-Erholungsheim

Zwei Grazien im Schwimmdress: Die Paderborner ließen es sich gut gehen im Almebad.
Foto: Stadtarchiv Paderborn/Wiens

1950
Die Schachfreunde treffen sich zum ersten Mal. Die BSW-Ortsstelle förderte die neue kulturelle Gruppe. Schon bald nehmen die Paderborner Bahner an Schachturnieren im Bundesbahn-Bezirk Essen teil

---

1951
„Unterwegs in Iberien" lautet einer der „Lichtbild-Vorträge" über ferne Länder und exotische Kulturen, die auf großes Interesse stoßen.

„Roseneck" in Bad Salzuflen weilten. Die militärische Lage war unübersichtlich. Freigelassene Kriegsgefangene machten die Gegend zusätzlich unsicher. Dennoch radelte die Fürsorgerin in ihrem „nie ermüdenden Eifer" mit dem Rad über den Teutoburger Wald nach Bad Salzuflen. Bei ihrer Rückkehr konnte sie die Eltern beruhigen. Schon bald kehrten die Kinder unversehrt nach Paderborn zurück.

Im Dienstzimmer der Fürsorgerin im Betriebsamt Paderborn liefen die typischen Probleme der Zeit auf. Familien, die aus dem Osten geflüchtet waren, suchten Unterkunft und Versorgung. Unterstützung brauchten auch die Familien, in denen der Mann oder Vater in Kriegsgefangenschaft oder vermisst war.

Finanzielle Mittel waren vorhanden, auch wenn sie nicht ausreichten. Immerhin 11.626 Reichsmark hatte das Sozialwerk vom Kameradschaftswerk übernommen. Geld, das jedoch in der Inflation schnell an Wert verlor. Im Dezember 1945 entschied der Vorstand, dass Bedürftige finanziell unterstützt werden sollten – je Fall in einer Höhe zwischen 50 bis 100 Reichsmark.

Die Adressaten dieser Hilfen waren besonders betroffene Kinder, deren Namen von den Bahn-Dienststellen weitergegeben wurden. Für 1946 nennt die Chronik mehr als 1000 Kinder, die diese Leistungen bezogen: 264 Waisen, 134 Kinder unter 10 Jahren, deren Väter noch in Kriegsgefangenschaft waren, sowie 908 Kinder, die aus Familien mit mehr als drei Kindern stammten.

Die Tradition der Kuraufenthalte für Kinder behielt das Sozialwerk bei – sie waren in diesen Jahren notwendiger denn je. 1948 vermittelte die Fürsorgerin 70 Kuraufenthalte. Zwar war das Kinderheim in Bad Salzuflen von alliierten Truppen beschlagnahmt worden. Das Sozialwerk hatte jedoch in dem ehemaligen Ausflugslokal „Waldhaus Loose" ein Ausweichquartier gefunden.

Um den Kindern einen problemlosen Kuraufenthalt zu ermöglichen, half das Paderborner Sozialwerk mit Lebensmitteln und Gebrauchsgütern. Mitarbeiter und

> **Vor allem Kindern half das Sozialwerk: Kriegswaisen, Kinder unter zehn Jahren, deren Väter noch in Kriegsgefangenschaft waren, und Kindern aus großen Familien.**

1951
Die jahrzehntelange Zusammenarbeit mit den Franziskusschwestern endet. Vor allem nach dem Krieg war die pflegerische Hilfe von Bahnmitarbeitern und deren Familien durch die Schwestern unentbehrlich gewesen.

1951
Der Aufbau einer eigenen Bücherei im Ausbesserungswerk Nord beginnt. Fritz Heyse, Leiter des BSW und Werkleiter, fördert die Bücherei – mit Erfolg, denn die Zahl der Bücher wie der Leser nimmt in den kommenden Jahren ständig zu.

Auszubildende bauten rund ums „Waldhaus Loose" Kaninchen- und Hühnerställe sowie Gewächshäuser, um die Selbstversorgung sicherzustellen. Für die Wintermonate wurde ein Schlitten gezimmert – nicht für den Spaß im Schnee, sondern für Transporte zum einsam gelegenen Waldhaus.

Das Sozialwerk setzte die Zusammenarbeit mit den Franziskusschwestern aus Essen fort, die in Paderborn eine Niederlassung gegründet hatten und auch andernorts für Eisenbahnervereine tätig waren. In Paderborn hatten sie schon nach dem ersten Weltkrieg Pflegetätigkeiten im Auftrag des Eisenbahnervereins übernommen. Es war vor allem die hohe Zahl von TBC-Fällen und anderer Mangelerkrankungen, die nach 1945 ihren Einsatz notwendig machte.

1946 leisteten die Schwestern im Auftrag des Sozialwerks „512 Tage, 10 halbe Tage, 1155 Stunden, 9 Nachwachen". Dafür erhielten sie eine pauschale Vergütung von 650 Mark. Die für diese Kosten verantwortliche Bezirksleitung sah sich außerstande, die Summe allein zu tragen. Die Ortsstelle sprang ein und übernahm 350 Mark. 1947 und 1948 übernahm die Bezirksleitung wieder den vollen Betrag. 1949 sank der Umfang der Hilfen durch die Schwestern auf 238 Tage. Gleichzeitig zog sich die Bezirksleitung aus der finanziellen Verpflichtung zurück. Zwei Jahre lang einigten sich Ortsstelle und Franziskanerinnen auf eine Vergütung von 200 Mark. 1951 entschied der Vorstand, das Geld sei nicht mehr aufzubringen und kündigte den Vertrag. Im Frühjahr erfolgte die letzte Zahlung über 100 Mark. Die Schwestern gaben ihre «segensreiche Tätigkeit in den Paderborner Eisenbahnfamilien auf, wie es in der Chronik heißt.

Die Franziskanerinnen aus Essen übernahmen die häusliche Pflege im Auftrag des Sozialwerks. Dafür erhielten sie eine pauschale Vergütung. 1951 endete die Zusammenarbeit.

Allmählich entspannten sich die Verhältnisse. Die Schuhmacherwerkstätten wurden 1949 privatisiert. Im selben Jahr stellte das BSW die Rübenkrautherstellung ein. Die Anlage hatte einen Überschuss von 1.415 DM eingebracht. Diese Einnahmen verwendete der Vorstand für die Reparatur eines beschädigten Klaviers und für die „Wiedereinrichtung" einer Bücherei.

DAS BAHN-
SOZIALWERK

1953
Die ersten Theaterfahrten zum Bielefelder Stadttheater. Bis 1961 finden 18 Fahrten statt – in der Regel sind sie ausverkauft.

1954
Das BSW lädt zum ersten Mal Rentner und Pensionäre zur Ehemaligenfeier in das Kolpinghaus ein. 400 frühere Mitarbeiter der Bahn kommen. Das Treffen wird zu einem festen Termin im Jahreskalender des BSW.

AUF DIE HUNGERJAHRE FOLGT DER HUNGER NACH UNTERHALTUNG

Die Anschaffungen zeigten die Richtung an, in die sich das Sozialwerk in den kommenden Jahren immer mehr entwickeln sollte. Nachdem die Hungerjahre vorbei waren, bestimmte der Hunger nach Unterhaltung und Kultur das Programm.

Selbst vor „Fräulein Filter" machte der neue Zeitgeist nicht Halt. Im April 1953 wurde der Dienstposten der örtlichen Fürsorgerin aufgelöst. Die Bezirksleitung war nicht mehr bereit, die Kosten zu tragen. „So musste trotz vielfachen Einspruchs des 1. Vorsitzenden der Fürsorgedienstposten aufgegeben werden", schreibt die Chronistin und fährt fort: „Dies wurde allgemein bedauert, denn gerade Fräulein Filter hatte sich in all den Jahren um die Fürsorge so viele Verdienste erworben, dass ihr Weggang nur bedauert werden konnte."

1951 begann der Aufbau einer Bücherei im Ausbesserungswerk. Der 1951 gewählte neue Vorsitzende des BSW, Oberrat Fritz Heyse, Betriebsleiter im Ausbesserungswerk Nord, unterstützte die Belebung der Bibliotheksarbeit. „Unter seinem Einfluss bekam das kulturelle Leben in der Ortsstelle einen neuen, beachtenswerten Aufschwung", notiert die Chronistin. „Seine besondere Aufmerksamkeit galt zunächst dem weiteren Ausbau der Bücherei."

Schon bald wurde für die Bibliothek im Werk aktiv geworben: „Ein großer Aushang mit Bild kommt bei allen Dienststellen heraus", heißt es in der Chronik. 1954 investierte die Bücherei in neue Bände, 437 Bücher standen in den Regalen. Das Angebot stieß auf viel Interesse. Der Erlös an Lesegebühren stieg stark an. Ein Jahr später wurde die Ortsstelle Mitglied der Deutschen Buch-Gemeinschaft und der „Büchergilde". Sie boten den Abonnenten Bücher zu einem erschwinglichen Preis an. Die Büchergilde stand in der Tradition der deutschen Arbeiterbewegung, die Arbeitern den Zugang zu Bildung und Kultur erleichtern wollte. Der BSW-Vorsitzende Fritz Heyse erweiterte das Einkaufsbud-

1951 begann der Aufbau einer werkseigenen Bücherei im Ausbesserungswerk Nord. Das stieß auf großes Interesse unter den Mitarbeitern. Der Erlös an Lesegebühren stieg stark an.

Die „Lesestube" im Ausbesserungswerk Nord war ein Schmuckstück des Bahn-Sozialwerks. 1961 wurde die Bibliothek fertiggestellt. Die Einrichtung entstand in Eigenarbeit der Mitglieder.
Foto: Werk Paderborn

get der Bücherei, führte eine neue Kartei ein und förderte die Initiative der „Bücherwarte" durch eine Gewinnbeteiligung von zehn Prozent der Einnahmen. 1956 zählte der Bestand 741 Bücher. Nach zähen Verhandlungen übernahm das BSW in diesem Jahr 180 Bücher aus dem Altbestand des Werks am Paderborner Hauptbahnhof.

Bücher waren wertvoll – nicht nur wegen ihres ideellen Wertes. Die Bände wurden penibel vor Gebrauchsspuren geschützt: „Die Ortsstelle nahm das Angebot der Firma König in Bückeburg an, die eine glasklare, selbstklebende und abwaschbare Buchhaut neu unter der Bezeichnung „Filmolux" auf den Markt bringt. Mit dieser durchsichtigen Buchhaut werden alle Bücher eingebunden. Das Material ist vorzüglich und für uns sehr geeignet. Die Bücher werden dadurch sehr geschont."

Als 1961 das neue Sozialgebäude am Ausbesserungswerk Nord eröffnet wurde, erhielt die Bücherei eine neue „Lesestube". Fast selbstverständlich entstand sie in Eigenleistung der Mitglieder und mit Unterstützung des Werks. „Die Ortsstelle kaufte Holz im Wert von 860 DM. Daraus fertigten die Tischler des Ausbesserungswerks fünf Anbauschränke mit Glaswänden", schreibt die Chronistin und lobt im Rückblick: „Diese Neueinrichtung kam im Werk gut an." Bald waren zwei weitere Anbauschränke notwendig. Dienstags und freitags ab 14.00 Uhr wurden Bücher in den drei Ausgabestellen AW Nord, BW Paderborn und Abfertigungskasse Paderborn ausgegeben.

1961 erhielt die Ortsstelle des Bahn-Sozialwerks eine neue Bibliothek, die „Lesestube". Sie entstand in Eigenleistung der Mitglieder und mit Unterstützung des Werks.

Die schnell wachsende Bücherei war typisch für diese Jahre, die im Rückblick geradezu wie eine kulturelle Blütezeit anmuten. In rascher Folge entstanden neue „kulturelle Gruppen", wie die Projekte BSW-typisch heißen: ein Blasorchester und ein Chor, sogar ein Streichorchester. Eine Fotogruppe erhielt eine Dunkelkam-

1960

Im Ausbesserungswerk Nord wird das neue Sozialgebäude eröffnet. Es wird zum zentralen Treffpunkt für viele kulturelle Gruppen im Bahn-Sozialwerk.

1961

Das Sozialwerk lädt zu Tagesausflügen ein. Erstes Ziel ist die Silbermühle im Teutoburger Wald.

mer und weitere „wertvolle Geräte".

Die Schachfreunde trafen sich seit April 1950 regelmäßig. Gespielt wurde in der Kantine des Ausbesserungswerks Paderborn HBF, die Ortsstelle stellte 100 DM zum Kauf von Schachspielen, „einem Lehrbuch, einem Protokollbuch und einem Kassenbuch zur Verfügung".

Schon bald nahmen die Paderborner Bahner an Schachturnieren im Bundesbahn-Bezirk Essen teil. Ein Jahrzehnt nach der Gründung hatte die Gruppe 17 aktive Mitglieder – genug, um Schachgruppen aus Essen, Wanne-Eickel und Witten zu Wettkämpfen in den Speisesaal des Ausbesserungswerks einzuladen.

Mit etwas zeitlicher Verzögerung entstand Ende der 1950er Jahre die Philateliegruppe. Die Briefmarkenfreunde trafen sich regelmäßig und luden im Februar 1958 zu ihrer ersten Tauschzusammenkunft ein. Anfang der 1960er Jahre zählte die Gruppe 20 feste Mitglieder. Auch ihnen bot das Sozialwerk Vergünstigungen, die das kostspielige Hobby erleichterten. So konnten die Briefmarkensammler „den neuesten Michel-Katalog, Nachträge, Neuheitendienst und besonders preiswerte Auswahlsendungen" in Anspruch nehmen.

Die Menschen lenkten ihren Blick wieder auf ferne Länder und fremde Kulturen. Als der Bundesbahn-Oberinspektor Lauenstein im Mai 1953 zum ersten Mal einen „Farblichtbildervortrag" zeigte, stieß er auf lebhaftes Interesse. „Unterwegs in Iberien" lautete der Titel der Diaschau. Spanien war in diesen Jahren ein nahezu unerreichbares Ziel. Das galt auch für die anderen weit entfernten Regionen, über die der Oberinspektor berichtete: Süditalien, Griechenland, die Kanarischen Inseln und die „balearischen Inseln". Mallorca war damals noch eine pittoreske Insel im Mittelmeer, die kaum jemand kannte.

In rascher Folge entstanden „kulturelle Gruppen": ein Blasorchester und ein Chor, sogar ein Streichorchester. Die Fotogruppe, die Schachfreunde und die Philatelisten wurden unterstützt.

Doch die Mitglieder im Bundesbahn-Sozialwerk verloren sich nicht nur in Träumereien von unerreichbaren südlichen Landschaften. Sie wollten sich amüsieren.

1956 begannen die Theaterfahrten zum Bielefelder Stadttheater. Die BSW-Ortsstelle vermittelte ermäßigte Theaterkarten für Oper und Operette. Auf dem Programm standen in der Regel leicht zu konsumierende Aufführungen wie „Der Zarewitsch"

Weihnachtsfeier 2012
Foto: BSW Paderborn

Bescherung für 1000 Kinder

Die Weihnachtsfeiern sind der Höhepunkt im Jahreskalender des BSW

Schon seit 1929 waren die Weihnachtsfeiern der besondere Höhepunkt im Vereinsleben des Eisenbahnervereins. Nach Kriegs- und Nachkriegsjahren lud die Ortsstelle des Sozialwerks im Dezember 1949 erstmal wieder zu einer „weihnachtlichen Feierstunde" ins Kolpinghaus ein. Im Jahr darauf fand die „erste Weihnachtsfeier mit Kinderbescherung" statt. 986 Kinder zwischen drei bis neun Jahren wurden beschenkt.

Von da ab entwickelten sich die Weihnachtsfeiern zu Großveranstaltungen, die bis heute am vierten Adventssonntag stattfinden. Fest zum Programm gehören die kleinen Theaterstücke und die musikalischen Einlagen. Im Laufe der Jahre waren das Blasorchester, ein Chor und ein Kinderchor sowie das Streichorchester im Einsatz – alle Gruppen des BSW.

Regelmäßig nahmen etwa 1.000 Kinder an den Feiern teil. Die große Zahl war nur in zwei aufeinanderfolgenden Veranstaltungen zu bewältigen. Erst als Anfang der 1960er Jahre die Paderhalle auf dem Schützenplatz fertig gestellt war, wurden die Veranstaltungen zusammengelegt.

Vorbereitung und Ablauf folgten einer minutiösen Planung. Nachmittags fand eine Generalprobe statt, bei der Veranstaltung selbst wurden Vertrauensleute und „Uniformierte" des Bahnhofs zum Zwecke der „Saalordnung" eingebunden, damit – wie es in der Chronik heißt – „die Veranstaltung und die Tütenverteilung reibungslos abgewickelt werden konnte." Eine Tüte bekamen nur die Kinder, die im Besitz einer „Tütenkarte" waren.

Das alles ließ sich das Sozialwerk einiges kosten: 1950 betrugen die Gesamtausgaben für das Weihnachtsfest 2.211 DM. Die Weihnachtsfeiern blieben der größte Ausgabeposten. Im Jahr 1967 gab das BSW 4.900 DM für diesen Zweck aus. Die acht kulturellen Gruppen erhielten zusammen nur 1.900 DM.

DAS BAHN-
SOZIALWERK

1968
Das Bahn-Sozialwerk beginnt eine Kooperation mit den Kammerspielen Paderborn. Die vergünstigten Karten für Mitglieder sind schnell vergriffen.

1969
Gründung der EFA, der Eisenbahner-Funkamateurgruppe, und der Bastelgruppe. Beide kulturellen Gruppen bestehen bis heute.

von Lehár, Puccinis „Madame Butterfly" oder „Wiener Blut" von Johann Strauß, aber auch Hochkultur wie Beethovens „Fidelio", Mozarts „Zauberflöte" oder Wagners „Tannhäuser". Insgesamt 18 Fahrten listet die Chronik im Zeitraum von 1956 bis 1961 auf.

Anderthalb Jahrzehnte nach dem Kriegsende bot das Bundesbahn-Sozialwerk in Paderborn das Bild eines regen kulturellen Lebens. Die soziale und medizinische Hilfe war längst in den Hintergrund gerückt, auch wenn immer noch – in der Nachfolge der unvergessenen Fräulein Filter – eine Fürsorgerin regelmäßige Sprechstunden anbot.

Eine andere Tradition hielt sich dagegen hervorragend: die Weihnachtsfeiern. Die gut besuchten Veranstaltungen führten vor Weihnachten die gesamte Bahnerfamilie zusammen: Mitarbeiter, Frauen, Kinder.

Fast ebenso beliebt waren die Ehemaligentreffen. Die Gruppe der Senioren im BSW wurde immer wichtiger, ihre Zahl stieg ständig an.

Seit 1952 hatte das Sozialwerk ehemalige Mitarbeiter zum 70. und 80. Geburtstag ge-

> Anderthalb Jahrzehnte nach dem Kriegsende bot das Bundesbahn-Sozialwerk das Bild eines regen kulturellen Lebens. Die soziale und medizinische Hilfe war längst in den Hintergrund gerückt.

ehrt und bei Goldenen und Diamantenen Hochzeiten gratuliert. Der Aufwand war beträchtlich. „350 Flaschen Wein, Einzelpreis 2,25 DM bis 3,15 DM" bestellte man in der Domkellerei Goertz für diesen Zweck.

Weil die Ruheständler sich immer häufiger wünschten, die Kollegen von früher zu treffen, lud das BSW im November 1954 zum ersten Mal Rentner und Pensionäre ins Kolpinghaus ein. Die Veranstaltung war ein großer Erfolg. Der Kolpingsaal war mit 400 Teilnehmern bis auf den letzten Platz besetzt. Der älteste Ehemalige war Josef Heiermeier aus Elsen, der seine erstaunliche Rüstigkeit auf die Arbeitsstelle im Ausbesserungswerk Nord zurückführte. 20 Jahre sei er „bei Wind und Wetter" zu Fuß von Elsen zum Werk „gepilgert" – eine Abhärtung, die ihm im Alter zu Gute komme.

1.400 Mark ließ sich das BSW die Feier mit den Ehemaligen kosten. Doch die Ortsstelle konnte sich die Ausgabe leisten, wie die Chronistin vermerkt, „denn die Einnahmen erreichten 1954 10.175,76 Mark."

Von nun an wurden die Ehemaligentreffen zu festen Terminen im Jahresablauf.

Die Zahl der Teilnehmer blieb unverändert hoch. Der BSW-Vorstand entschied sich deshalb zu einer Doppelveranstaltung, um die Durchführung zu erleichtern. Nach der Fertigstellung des Sozialgebäudes im Ausbesserungswerk Nord im Frühjahr 1961, fanden die Feiern dort statt. Blasorchester und Chor unterhielten die Ruheständler.

Das neue Sozialgebäude wurde bald zentraler Veranstaltungsort und Treffpunkt für das BSW, auch wenn es Bedenken gab, der Weg zu dem am Stadtrand gelegenen Werk könne zu weit sein. Auch die Teilnehmer der Ehemaligenfeier wurden per Bahnbus zum Ausbesserungswerk gefahren.

Man einigte sich auf einen Kompromiss. Das Blasorchester und das damals noch existierende Streichorchester probten in der neuen Kantine im Ausbesserungswerk Nord, andere Gruppen trafen sich im Betriebswerk Paderborn am Hauptbahnhof. Insgesamt, so die Chronik, habe sich „der Schwerpunkt in allen Sozialwerksangelegenheiten zum Ausbesserungswerk Paderborn Nord verlagert."

16 Jahre nach dem Krieg griff das Sozialwerk die Idee der Tagesausflüge wieder auf, die in den ersten Jahrzehnten des

> Das neue Sozialgebäude im Ausbesserungswerk Nord wurde zum zentralen Treffpunkt des BSW, auch wenn es Bedenken gab, der Weg zu dem am Stadtrand gelegenen Werk könne zu weit sein.

Die Modellbauer sind als Kulturgruppe seit 1979 im BSW aktiv. Das Bauen und Basteln ist ihre Leidenschaft und sie schrecken auch nicht vor größeren Fahrzeugen zurück – wenn es auf Schienen rollt.

Fortsetzung auf Seite 120

DAS BAHN-
SOZIALWERK

Pionie

Die Begeisterung für den Amateurfunk hat sich bis heute gehalten.

Dass das Werk Paderborn 2013 auf ein Jahrhundert Betriebsgeschichte zurückblicken kann, ist eine wichtige, aber keine weltbewegende Nachricht. Sie verbreitet sich dennoch fast um den gesamten Globus. Das Werk verdankt diese weltweite Öffentlichkeitsarbeit einer kleiner Gruppe technikbessener Männer, die sich einer zeitlosen Technologie verschrieben haben: den Eisenbahn-Funkamateuren (EFA) im Bahn-Sozialwerk Paderborn.

Mehr als 3500 Kontakte mit Funkern aus aller Welt haben die Paderborner in den ersten sechs Monaten des Jahres bereits hergestellt. Die meisten Partner hatte das Sonderrufzeichen aufmerksam gemacht, das die Paderborner Funkamateure nur in diesem Jahr versenden: DB1ØØAWPB.

Die dreistellige Zahl in der Mitte deutet auf das Jubiläum zum 100-jährigen Bestehen des Werks hin. Auf so etwas reagieren Funker. Wochen, manchmal sogar Monate nach der Kommunikation im Äther erhalten sie aus der Domstadt eine Karte mit einem Bild des Werks als Nachweis für die stattgefundene Verbindung. Die Karte kommt in eine Mappe und wird sorgfältig aufbewahrt. Da sind Funker ein bisschen wie Briefmarkensammler.

Nicht, dass der Vergleich mit den Philatelisten ihnen gefallen würde. Funker verstehen sich vor allem als Techniker. High-Tech-Geräte selbst zusammenbauen, der Hochfrequenztechnik neue Erkenntnisse abzugewinnen und mit den Unwägbarkeiten der Technik zurechtzukommen: Das ist ihre Leidenschaft. Dafür sitzen sie nächtelang vor ihren Geräten. Funk hat ein hohes Suchtpotential.

Auch die sieben Männer, die vor 45 Jahren dem Ruf des Gründers Walter Spallek folgten und sich der EFA Gruppe Paderborn anschlossen, waren der Verheißungen der damals modernen Kommunikationstechnologie verfallen.

Zur Gründung der Klubstation DLØPS kam Werkdirektor Josef Heinisch in die Zentrale, die sich damals schon in dem Haus an der nordwestlichen Ecke des Werkgeländes befand.

Auf dem historischen Foto steht ein Pulk von Männern in Anzug und Krawatte um den Werkdirektor, der am Mikrophon Grüße in die Welt sendet. Der Amateurfunk sei als Brückenschlag zwischen den Völkern zu verstehen, frei von politischen und wirtschaftlichen Interessen, sagte Heinisch. Diese Worte hatten 1969 noch eine ganz andere Bedeutung. Die Welt war geteilt in zwei feindliche Blöcke. Die Funkamateure waren Pioniere, die diese Grenzen überwanden – Vorboten einer neuen Zeit. Das ist alles Geschichte. Heute gibt es keinen Ostblock mehr, dafür das Internet. Der Amateurfunk ist die etwas unangepasste Außenseitertechnologie geblieben.

Einer, der damals schon dabei war, ist Karl-Heinz Kesselmeier. Der Ruheständler leitet die Eisenbahn-Funker-Gruppe seit 30 Jahren, verbringt immer noch Stunden um Stunden vor dem Funkgerät und schickt das Sonderrufzeichen DB1ØØAWPB und sein Signal DK9QV in Richtung Ionosphäre. Die Rückmeldungen kommen atmosphärisch gestört aus dem Äther zurück. Doch jedes Gespräch ist etwas Besonderes. Das Knacken und Knistern, die leicht halligen Stimmen verbreiten eine Unmittelbarkeit, die das Internet nie bieten könnte.

„Es ist jedes Mal etwas Persönliches", sagt Karl-Heinz Kesselmeier, der Routinier. „Ich habe mein ganzes Leben lang so neue Freunde gefunden."

Amateurfunker unter sich: (von links) **Karl-Heinz Kesselmeier, Tobias Amedick, Frank Eisenberg, Nikolas Niekamp und Ronald Schröder**

DAS BAHN-
SOZIALWERK

1972
Werkleiter Wolfgang Arnicke wird des Bundesbahn-Sozialwerks. Unter ihm erlebt das BSW einen erneuten Aufschwung. Arnicke leitet das BSW 23 Jahre lang, bis 1995.

1999
Das Bahn-Sozialwerk in Paderborn feiert den 100. Tag seiner Gründung im Jahr 1899 – damals noch als Eisenbahnerverein.

Jahrhunderts so erfolgreich gewesen waren. Zusammen mit dem Verkehrsamt Paderborn entwickelte die Ortsstelle ein Ausflugsprogramm.

Die Silbermühle im Teutoburger Wald war im Mai 1961 Ziel der ersten Tagesfahrt. Anders als vor dem Krieg reiste man nicht mehr mit der Bahn an, sondern mit dem Bus.

DAS FREIZEITVERHALTEN ÄNDERT SICH – UND DAMIT AUCH DAS SOZIALWERK

Das Ausmaß der Vorkriegsausflüge erreichte die neuen Fahrten nicht mehr. Das Auto wurde zum bevorzugten Transportmittel in der Freizeit, da musste niemand mehr im Bus zusammen mit anderen ein Ausflugsziel ansteuern.

Das geänderte Freizeitverhalten beeinträchtigte die gesamte BSW-Arbeit. Das Fernsehen eroberte die Wohnzimmer und hielt die Leute zu Hause vor dem Bildschirm. Fast resignierend stellt der Protokollant der BSW-Ortsvertreterversammlung

> Projekte, die den Zeitgeist trafen, entwickelten sich gut. Dazu gehörte die Kooperation mit den Paderborner Kammerspielen. Das Bahn-Sozialwerk bezog Karten zu vergünstigten Preisen und gab diese an Mitglieder weiter.

im Frühjahr 1970 fest, das Interesse an den kulturellen Gruppen lasse nach.

Das galt für die Bücherei. Sie wurde Ende der 1960er Jahre immer noch gezielt gefördert. Der Bestand war auf mehr als 2.000 Bände angewachsen. Aber die Zahl der Leser nahm ab. Die Lesegebühr sei „recht spärlich", gesteht der Berichterstatter. Auch eine reduzierte Lesegebühr half nicht wirklich.

Andere kulturelle Gruppen wurden Opfer der technischen Entwicklung. Die Fotogruppe sei wegen der „immer mehr vordringenden Farbfotografie" trotz zwei gut eingerichteter Dunkelkammern „etwas uninteressant" geworden, hieß es 1970. Der neue „Sonderzweig Schmalfilm" sollte das Interesse beleben.

Die mit 18 Mitgliedern zahlenmäßig kleine Schachgruppe galt dagegen weiterhin als eine der aktivsten Kulturgruppen. Auch die Briefmarkenfreunde hielten ihre Mitgliederzahl. Gleiches galt vom Gemischten Chor „Frohsinn", der aus Eisenbahnern und Angehörigen bestand. Er war 1956 zum

Die Nähe zur Eisenbahn hat das Bahn-Sozialwerk stets geprägt, so wie Karl Wecker, den Gruppenleiter der Modellbauer, hier auf dem restaurierten Schwerlastkleintransporter KLV 50.

ersten Mal bei der Weihnachtsfeier aufgetreten. Der Männerchor „Eintracht" hatte sich dagegen mit einem anderen Männergesangverein zusammengetan.

Projekte, die den Zeitgeist trafen, entwickelten sich gut. Dazu gehörte die Kooperation mit den Paderborner Kammerspielen, die 1968 in das neue Theater am Rathaus zogen. Das Sozialwerk bezog Karten zu vergünstigten Preisen und gab diese an die Mitglieder weiter. „Alle dem BSW zur Verfügung stehenden Karten waren immer schnell vergriffen", hieß es 1969 im Jahresbericht. Selbst Hochkultur und unbequeme Stücke stießen auf Interesse. Besucht wurden Aufführungen von Shakespeare oder Berthold Brecht.

In jeder Hinsicht auf der Höhe der Zeit waren die Funkamateure. Im Dezember 1969 hatte sich die EFA, die Eisenbahner-Funkamateurgruppe, gegründet. Sie zählte schon bald 20 Mitglieder, die sich in den eigenen, vom Ausbesserungswerk bereit gestellten Räumen, trafen. Im selben Jahr entstand die Bastelgruppe, die vom Bahn-Sozialwerk mit einer Anschubfinanzierung für Geräte und Werkzeuge ausgestattet wurde.

ÖFFENTLICH PRÄSENT WIE NIE ZUVOR – UND GLEICHZEITIG SCHRUMPFT DAS BSW

Im April 1969 verabschiedete das Bundesbahn-Sozialwerk Werkdirektor Fritz Heyse aus seinem Amt als der BSW-Ortsstelle Paderborn. Josef Heinisch, sein Nachfolger als Werkdirektor, übernahm

Fortsetzung auf Seite 124

DAS BAHN-
SOZIALWERK

Die Bahn mag sich ändern, in einer Ecke des Werks Paderborn ist immer noch alles beim Alten. Dampfloks eilen durch idyllische Fachwerkdörfer und schöne Landschaften, selbst die Autos sind von gestern.

Die Bahnwelt von gestern lebt weiter, wenn auch nur in Miniatur. Ihr Schöpfer sind Männer wie Gerd Düsterhus und Franz Füchtjohann, zwei Modellbauer mit jahrzehntelanger Erfahrung und Gründungsmitglieder der BSW-Modellbaugruppe „Flügelrad 79". Die beiden stehen am Stellpult der großen Anlage und probieren die Züge durch. Die große Schleife direkt vor ihnen passieren sie mit Höchstgeschwindigkeit. Es hat einige Zeit, viele entgleiste Züge und zig Umbauten gekostet, bis die Modellbauer endlich den richtigen Radius für die Hochgeschwindigkeitskurve ermittelt hatten. „Man muss schon ein Bastler sein und Spaß an der Technik haben", sagt Gerd Düsterhus, während er die Züge steuert. „Aber vor allem sind wir Landschaftsbauer." Der Baggersee und die langgezogene Straße mit Häusern aus der Gründerzeit: All das hat viel Überlegung und viel Zeit gebraucht, bis es passte.

Seit 35 Jahren besteht „Flügelrad 79". Seit 1979 bauen und sammeln die Männer – Frauen sind große Ausnahme – der BSW-Kulturgruppe an ihrer kleinen Gegenwelt, die allen Veränderungen trotzt. In großen Schränken sind ganze Landschaften geparkt, die auf die nächste Ausstellung warten, in den schmalen Wandregalen glänzen Lokomotiven, Züge und Spezialanfertigungen.

Neben der Werkstatt, wo die Tüftler gerade 0,8 Millimeter große SMD-Lichter in einen Wagen einbauen, führen Gleise durch einen Wanddurchbruch nach draußen. Hier beginnt die 130 Meter lange Gartenbahn, die rund um den Rasen, durch künstlich angelegte Gebirgslandschaften und Seen, durch Dörfer und in Steinbrüche führt. Die Modellbauer sind auch Gartenfreunde. Sie haben um die Eisenbahnstrecke eine schöne Gartenanlage geschaffen – und irgendwie passt dazu, dass hier die ehemalige Werksgärtnerei angesiedelt war.

Neben dem Rasen steht ein großer, stillgelegter Triebwagen. Dort entsteht zurzeit die neueste, die dritte Großanlage der Modellbauer. Direkt daneben endet ein Gleis, auf dem ein restaurierter Schwerkleinlasttransporter mit Verbrennungsmotor abgestellt ist, ein KLV 50. Auch den haben die Männer restauriert – und das 80 Meter lange Gleis auf das Werksgelände gleich mit instandgesetzt.

Eisenbahneridylle

Seit 37 Jahren bauen die Modellbauer der Gruppe „Flügelrad 79" an ihrer eigenen Eisenbahnwelt.

Alles ist hier Bahn, nicht nur die Modellbauanlagen. An der Wand prangt ein Andreaskreuz, der Schaltkasten für die Außenanlagen ist in einem ehemaligen Bahnfernsprecher untergebracht, eine alte Signalanlage wartet noch auf die Aufarbeitung. So ist hier, im toten Winkel des Werks, eine Eisenbahneridylle entstanden. Träumen darf man trotzdem nicht: Wehe dem, der auf ein Gleis tritt.

Die Liebe zur Bahn und zum Modellbau erlischt nicht so schnell. Ein Drittel Jahrhundert nach der Gründung zählt die Modellbaugruppe immer noch 51 Mitglieder, das jüngste ist 17, das älteste 84 Jahre alt. 18 Männer treffen sich an den Gruppenabenden. Im Sommer spielt sich das Geschehen vor allem draußen ab. Zwanglos trifft einer nach dem anderen ein. Martin Füchtjohann, Sohn des Gründungsmitglieds, beginnt mit dem Bau der neuen Modellbauanlage, Gerd Jose holt die Schleifmaschine aus der Werkstatt, um Bretter zu bearbeiten und Ulrich Diedrichs schaut erst im Garten nach dem Rechten und legt dann die Würstchen auf den Grill: – ein eingespieltes Team, das sich auch ohne viele Worte versteht. Die meisten kennen sich von der Arbeit, nebenan im Werk. Karl Wecker, der Vorsitzende, ist einer von ihnen, seit 42 Jahren Mitarbeiter im Werk Paderborn.

Wecker ist auch Bezirksbeauftragter aller Modellbaugruppen in der BSW-Region West, die bis nach Koblenz und an die holländische Grenze reicht. Wenn er die rote Zugführermütze aufsetzt und den KLV 50 auf dem Gleis hin- und her bewegt, sind die Sitzplätze auf dem Fahrzeug schnell von den anderen Mitgliedern der Gruppe besetzt. Das gilt eben auch für Modellbauer: Eine Fahrt auf dem eigenen Schienenfahrzeug kann auch die beste Modelleisenbahn nicht übertreffen.

Viel Liebe zum Detail: Die aktiven Mitglieder der Modellbaugruppe am Bahnhof ihrer Gartenanlage.

den Vorsitz des BSW in Paderborn. 1972 folgte ihm Werkdirektor Wolfgang Arnicke. Heinisch wie Arnicke mussten vor allem eine Antwort auf die Frage finden, wie das BSW in Zukunft noch attraktiv für Mitarbeiter der Bahn sein konnte. Seit den 1960er Jahren waren die Mitgliederzahlen rückläufig. 1967 betreute die Ortsstelle noch 5042 Mitglieder. Anfang der 1990er Jahre waren es nur noch knapp 4000. Das lag vor allem am Rückgang der Mitarbeiterzahlen. Die Rentner und Pensionäre machten mittlerweile mehr als die Hälfte der Mitglieder aus.

Weitere Gruppen stellten ihre Arbeit stillschweigend ein. Die Funkamateure hielten sich bis heute, auch bei den 1979 gegründeten Modelleisenbahnern ist das Gemeinschaftsleben auch in der Gegenwart für viele Mitglieder attraktiv geblieben. Die Briefmarkengruppe trifft sich weiter an jedem zweiten Sonntag im Monat im ehemaligen Werkscasino zu einem Tauschtag.

In der Öffentlichkeit fielen die Veränderungen im BSW kaum auf. Wolfgang Arnicke verstand es ein Vierteljahrhundert lang hervorragend, das Sozialwerk in der Öffentlichkeit zu präsentieren. Als das Sozialwerk 1999 die Gründung vor 100 Jahren beging, war das dem Westfälischen Volksblatt eine große Würdigung wert.

Doch die Mitgliederstatistik zeigte ein anderes Bild. 1997 gehörten der – neuaufgestellten – „Stiftung Bahn-Sozialwerk", Ortsstelle Paderborn, noch 3249 Mitglieder an, die jetzt „Spender" hießen. Zwei Drittel – 2426 – waren Ruheständler. 2003 war die Gesamtzahl auf 2589 geschrumpft. Der Anteil der Pensionäre und Rentner hatte sich weiter erhöht.

Dennoch war das Sozialwerk weiter aktiv. Immer noch fanden Tagesfahrten und Theaterfahrten statt. Der Jahresbericht verzeichnete sogar einen mehrtägigen Ausflug in die Normandie.

DAS BSW HEUTE UND IN ZUKUNFT: WAS SCHON IMMER WICHTIG WAR

Wolfgang Arnicke zog sich 1995 in den Ruhestand zurück. Sein Nachfolger Giesbert Baurichter übte das Amt bis 2012 aus. Seit 2012 ist Manfred Fingerhut Vorsitzender der Ortsstelle. 1750 Spender gehören dem BSW in Paderborn noch an, so wenig wie nie zuvor. Doch Fingerhut sieht optimistisch in die Zukunft. „Die Deutsche Bahn legt wieder Wert auf den sozialen Zusammenhalt und die Tradition des BSW", sagt er. Noch ist das Bahn-Sozialwerk im Alltag der Bahn fest verankert. Die meisten Azubis und neuen Mitarbeiter treten dem BSW bei, wenn sie ins Werk kommen.

Auf ihren Internetseiten präsentiert sich die bundesweite Stiftung Bahn-Sozialwerk als moderner Dienstleister, wirbt mit den BSW-Hotels überall im Land, mit Sprachurlauben und BSW-Exklusivreisen, Fitnessaufenthalten und Gesundheitsförderung, Sozialberatung und Selbsthilfegruppen.

Viele Angebote sind zentralisiert. Sie werden über das Internet oder Regional- und Außenbüros abgewickelt. Das ist einfach und unkompliziert und kommt bei den Mitarbeitern und BSW-Mitgliedern gut an. Das Herz des BSW aber schlägt weiter vor Ort. In der Arbeit von ehrenamtlichen Mitgliedern wie Karl Bürger wird diese lebendige Tradition sichtbar. Seit 25 Jahren ist er unermüdlich als stellvertretendes Vorstandsmitglied für den BSW Paderborn unterwegs. Seit Jahrzehnten spielt er den Nikolaus bei den Weihnachtsfeiern.

DAS BAHN-
SOZIALWERK

Vergessen wird keiner: Karl Bürger gratuliert den ehemaligen Mitarbeitern und BSW-Mitgliedern zum Geburtstag. Auch Josef Fortströer freut sich an seinem 80. Geburtstag über den Besuch – natürlich ist der Besuch Bürgers beim beim Geburtstagskind immer ein Anlass, Erinnerungen auszutauschen.

Er organisiert und moderiert die jährlichen Veranstaltungen für die Ruheständler und er besucht mehrmals im Monat ehemalige Kollegen, die ihren 80. Geburtstag feiern.

Karl Bürger kommt aus einer Paderborner Eisenbahnerfamilie. Er erinnert sich noch gut daran, dass er als kleiner Junge in den Nachkriegsjahren an der Hand seiner Mutter zur Weihnachtsfeier des Sozialwerks ging. Sie fanden damals im Paderborner Kolpinghaus statt. Das Märchenspiel, die geschmückten Tannenbäume, das „Ordnungspersonal in den schmucken Uniformen" und die Weihnachtstüten mit „allerlei Leckereien" beeindruckten ihn tief. „Wir wurden in diesen Notzeiten in eine weihnachtliche Wunderwelt entführt."

Dass es Menschen gab, die ihn beschenkten und für ihn da waren, hat Karl Bürger in seiner Kindheit sonst nur selten erlebt. Umso stärker haben ihn diese Momente geprägt. Deshalb ist der rüstige Ruheständler auch im Alter noch ständig für das Bahn-Sozialwerk unterwegs. Für Menschen wie Karl Bürger bleibt die Einstellung das Wichtigste am Bahn-Sozialwerk: „Für andere da sein, einfach so."

> Das Herz der bundesweiten Stiftung Bahn-Sozialwerk schlägt weiter vor Ort. In der jahrzehntelangen ehrenamtlichen Arbeit von Mitgliedern wie Karl Bürger wird diese lebendige Tradition sichtbar.

Hans-Rainer Hoffmann, DB Services im Werk Paderborn

Die zweite Heimat

Es gibt kaum jemanden, der sich im Werk Paderborn so gut auskennt wie Hans-Rainer Hoffmann. Seit 32 Jahren ist er als Betriebsschlosser auf dem Werkgelände für alles zuständig, was mit Gas, Wasser und Luft zu tun hat.

Unbekannte Orte im Werk Paderborn gibt es für ihn praktisch nicht und das gilt selbstverständlich auch für alles unter der Erdoberfläche, die zahllosen Leitungen, Rohre und Versorgungskanäle. Zu seinem Einsatzbereich gehören Heizungen, Wasser- und Abwasserleitungen, Sanitäranlagen und Kanalarbeiten, sogar die Dachrinnen – und das nicht nur während der Arbeitszeit.

„Ich habe nach Feierabend oder am Wochenende schon mal einen Anruf auf dem Handy, dass es ziemlich eilig ist", sagt er. Dann ist er innerhalb von fünf Minuten mit dem Rad vor Ort. „Kein Problem", versichert er, „dafür bin ich Betriebsschlosser geworden. Das gehört zum Job."

Hans-Rainer Hoffmann ist bei der Bahn groß geworden. Der gebürtige Sauerländer hat im Betriebswerk Bestwig gelernt und im Werk Schwerte gearbeitet, bevor er nach Paderborn kam. Dort war die Betriebsschlosserei Anfang der 1980er Jahre noch eine große Abteilung, die unter anderem für den technischen Betrieb im zentralen Kesselhaus und das betriebseigene Wasserwerk verantwortlich war.

„Das ging damals in drei Schichten", sagt Hans-Rainer Hoffmann, „aber es hat Spaß gemacht." Er erinnert sich gern an diese Zeiten, als das Werk Paderborn noch eine Welt für sich war, mit eigenem Wasser und zentraler Wärme – und als die Betriebsschlosser diejenigen waren, die alles am Laufen hielten. Vor allem der Arbeit im Kesselhaus trauert er nach. „Das war eine erstklassig gepflegte Anlage", sagt er, „schade drum."

Vereine, Unternehmen oder Sportteams brauchen Mitarbeiter und Mitglieder wie ihn, die im Hintergrund wirken, aber zuverlässig immer dann zur Stelle sind, wenn Not am Mann ist. Hans-Rainer Hoffmann ist so einer, der nicht davor zurückscheut, Verantwortung zu übernehmen – nicht nur im Werk Paderborn, sondern auch bei den Paderborner Schützen, bei denen er Fähnrich in der Königsstrasser Kompanie ist.

„Einer muss es ja machen", sagt er. Das stimmt, aber das „muss" klingt nach Pflicht. Hans-Rainer Hoffmann macht seine Arbeit gerne. „Das Werk ist meine zweite Heimat", sagt er.

Heute besteht das Team der Installateure im Werk Paderborn nur noch aus vier Mitarbeitern. Es kann schon mal passieren, in Urlaubszeiten und bei Krankheit, dass Hans-Rainer Hoffmann alleine im Werk unterwegs ist und das Betriebshandy ständig klingelt.

Das könnte in Stress ausarten. Nicht so bei Hans-Rainer Hoffmann, der auch solche Tage als Herausforderung sieht und mit einem gewissen sportlichen Ehrgeiz angeht. Energie bringt er dafür genug mit. Auch mit Mitte 50 ist er immer noch ziemlich drahtig. „Das macht die Arbeit", sagt er, „ich bin einfach viel in Bewegung."

Hans-Rainer Hoffmann erinnert sich an die Zeiten, als das Werk eine Welt für sich war, mit eigenem Wasser und zentraler Wärme – als die Betriebsschlosser diejenigen waren, die alles am Laufen hielten.

EISENBAHNER-SPORTVEREIN

100 JAHRE Werk Paderborn

Nach der Arbeit zum gemeinsamen Sport

In der Freizeit wollten sich die Bahner schon immer aktiv erholen. Sie gründeten 1928 den Eisenbahner-Sportverein Paderborn eV. Seine sportliche Blütezeit erlebte der Verein zwischen den 1970er und den 1990er Jahren. Doch im Zentrum des Sportvereins steht bis heute die Förderung des Breitensports.

Die Kegler haben den Eisenbahner-Sportverein in Paderborn gleich zwei Mal gegründet: 1928 und 1949, nach der Pause durch den Krieg. Vor allem in den 1970er bis in die 1990er Jahre sammelten sie sportliche Erfolge. Das Foto zeigt das Team der Sportkegler aus dieser Zeit.
Foto: Gaukstern

MIT DEN KEGLERN FING 1928 ALLES AN

Es ist still am Wasser. Die Angeln lehnen an der Bank. Hans-Werner Kesselmeier und Heribert Höschen zählen die langen Karpfen, die zum Fressen an die Wasseroberfläche kommen. Franz Rulle füttert die Fische. Rulle ist der Älteste in der Sportangelgruppe des Eisenbahner-Sportvereins (ESV). Er hat vor Jahren einen 82 Zentimeter langen Wels aus dem Teich geholt – den größten Fisch, der jemals im ESV-Angelteich in Scharmede geangelt wurde.

1963 erwarb der Eisenbahner-Sportverein das Baggerloch der Bahn in Scharmede von der Bundesbahndirektion Essen. Die Bahner reinigten die etwa 2500 Quadratmeter große Fläche, pflanzten rund um den Teich Bäume und setzten Fische ein.

Heute sind die Sportangler eine von sieben aktuellen Abteilungen im Eisenbahner-Sportverein Paderborn. 21 Mitglieder zählt die Gruppe, die in Langeland einen zweiten Teich mitten in einem Naturschutzgebiet betreibt. Sportschießen, Tischtennis, Damengymnastik, Laufen, Dart und Kegeln sind weitere Sportarten im ESV. Insgesamt zählt er mehr als 400 Mitglieder, vor allem Mitarbeiter der Bahn sowie deren Angehörige. Wie vor 85 Jahren ist es im Werk oft üblich, die Kollegen nach der Arbeit beim Sport zu treffen.

Angefangen hat alles 1928 mit den Keglern, als sich Paderborner Eisenbahner im Café Preising trafen, um auf der dortigen Kegelbahn ihrem Hobby zu frönen. Sie gründeten den Verein „Harmonie" und damit auch den Eisenbahner-Sportverein (ESV) Paderborn, weil sie sich dem Verband der Eisenbahner-Sportvereine in Deutschland anschlossen.

Der neue Sportverein fand die Unterstützung der Reichsbahn vor Ort und entwickelte sich schnell. 1934 unterhielt der ESV bereits Abteilungen für Kegeln, Turnen und Kleinkaliber-Schießen. Zur selben Zeit ent-

> 400 Mitglieder und die sieben Sportabteilungen Sportangeln, Kegeln, Sportschießen, Tischtennis, Damengymnastik, Laufen und Dart: Das ist der ESV heute.

Die langen Regale mit Pokalen erinnern an die Glanzzeiten der Sportschützen im ESV. Alfons Gaukstern (links) war einer der Sportler, die den ESV in der Luftgewehr-Bundesliga vertraten. Ludwig Meyer ist Sprecher der Sportschützen.

Turnhalle im Ausbesserungswerk Nord. Wann dieses Foto entstand, ist nicht mehr zu recherchieren. In den bekannten schriftlichen Quellen wird die Turnhalle nicht erwähnt. Unten die Kanus der Kanuabteilung, ein Foto aus dem Jahr 1966

Fotos: Gaukstern

standen neue Räume für die Sportler: eine Kegelbahn im Werk am Hauptbahnhof und ein Kleinkaliber-Schießstand am Kasseler Tor. Ab 1937 stand eine Turnhalle für die Abteilungen Turnen und Leichtathletik sowie für die Boxer zur Verfügung.

Als die Turnhalle und die Kegelbahn 1943 bei einem Bombenangriff beschädigt wurden, endete die erste Phase des Eisenbahner-Sportvereins. Es waren wieder die Kegler, die die Initiative ergriffen. Sie setzten sich bei der Bezirkssportleitung in Essen mit dem Wunsch durch, eine ungenutzte Kegelbahn nach Paderborn zu holen. Die Bedingung war die Neugründung des Eisenbahner-Sportvereins und so wurde am 11. November 1949 der ESV Paderborn noch einmal aus der Taufe gehoben.

Neben dem Kegeln konzentrierten sich die Vereinsaktivitäten vor allem aufs Tischtennis. Wie vor dem Krieg blieb das Werk am Hauptbahnhof nach der Neugründung das örtliche Zentrum des Vereins. Deshalb waren die Befürchtungen groß, als das Werk 1960 schloss. Doch die Bahner schafften es, mit der Firma Benteler, die das Werk kaufte, einen vorteilhaften Vertrag auszuhandeln. Benteler stellte 1961 auf dem Gelände des Bahnbetriebswerkes an der Wollmarktstraße ein Keglerheim mit zwei Scherenbahnen bereit. Diese Anlage blieb bis 2012 die Heimat der Kegler.

Die Tischtennis-Gruppe zog ins Ausbesserungswerk Nord um. Dort entwickelten sich mit der Verlagerung neue Gruppen. Die Sportangler erwarben die Teiche bei Haus Widey und in Langeland. Als vierte Sportgruppe entstand eine Kanuabteilung, die ein Bootshaus an der Pader plante.

Ende der 1960er Jahre bauten die Sportschützen eine Behelfswohnung auf dem Werksgelände zu einem Luftgewehr-

Heute zählt vor allem der gesundheits- und gemeinschaftsfördernde Breitensport: die Teilnehmer am Lauftreff vorm Werkstor.

EISENBAHNER-SPORTVEREIN

100 JAHRE Werk Paderborn

Schießstand um. Dieses Trainingszentrum, das Ende der 1970er Jahre erweitert wurde, entwickelte sich zum Ausgangspunkt der größten sportlichen Erfolge des ESV.

Vor allem drei Schützen aus dem eigenen Nachwuchs sorgten bundesweit für Furore. Bernd Kleinschlömer, Reinhard Haase und Alfons Gaukstern schossen den ESV innerhalb weniger Jahre aus der Kreisklasse in die Bundesliga der Sportschützen. Sie nahmen regelmäßig über viele Jahre an Landes- und Deutschen Meisterschaften teil und vertraten den ESV und die Deutsche Bahn bei Ländervergleichen und internationalen Wettbewerben. 1990 ehrte Bürgermeister Willi Lüke das Trio mit der Silbermedaille der Stadt Paderborn.

Der Verein befand sich auf dem Höhepunkt seiner Entwicklung. Die Sportkegler errangen den Pokalsieg im Gau Westfalen-Nord. Die Tischtennis-Abteilung richtete ein Vierländerturnier mit Eisenbahnersportlern aus Belgien, Holland, der Schweiz und Deutschland aus, die Schießsportabteilung war Veranstalter eines Dreiländerturniers im Luftgewehrschießen. 14 Sportschützen qualifizierten sich bis heute für die Teilnahme an einer Deutschen Meisterschaft.

Damals wie heute kann der ESV auf starke Vorsitzende bauen. Sie handeln aus der Überzeugung heraus, dass der Sport eine identitätsstiftende Wirkung für das Werk hat. Hans Grote, Wolfgang Arnicke und Karl-Heinz Kesselmeier standen seit den 1970er Jahren an der Spitze des Vereins. Der aktuelle Vorsitzende ist Josef Sicken.

Der Sport lebt nach wie vor im Werk Paderborn. Vor allem der gesundheitsfördernde Breitensport trifft auf Interesse, etwa im Lauftreff. „Ur"-Abteilungen wie Kegeln und Schießen bleiben beliebt. Auch die Sportangler haben keine Nachwuchssorgen. Der Teich bei Haus Widey hat sich zu einer grünen Ruheinsel entwickelt. „Das macht viel Arbeit", sagt Hans-Werner Kesselmeier, „aber es lohnt sich." Manchmal fährt er nur zum Entspannen an den kleinen See.

Das war ja immer die Idee des Eisenbahnersports: Die Mitarbeiter sollten nach der anstrengenden Arbeit im Werk einen Ausgleich durch Bewegung und frische Luft finden. Wo ginge das besser als an diesem stillen Teich? Dass ab und zu Züge auf dem benachbarten Gleis vorbeirauschen, kann die Idylle nicht stören – das gehört irgendwie zum Eisenbahner-Sportverein dazu.

Foto rechts: Bürgermeister Willi Lüke ehrte 1990 die erfolgreichen Sportschützen des ESV: Alfons Gaukstern (Mitte vorne), Bernd Kleinschlömer (rechts) und Bernd Haase.
Foto links: Ihr Trainingszentrum haben die ESV-Sportschützen in den 1970er Jahren selbst ausgebaut. Es wird bis heute genutzt, auch vom Nachwuchs.
Fotos: Gaukstern

Eine grüne Idylle: der Angelteich bei Haus Widey in Scharmede. Die Sportangler Hans-Werner Kesselmeier, Heribert Höschen und Franz Rulle (von rechts) gehören schon lange den Sportanglern an. Um Nachwuchs müssen sie sich nicht sorgen. Die Anglerhütte dient nicht nur den Anglern als Unterschlupf, sondern wird vom Eisenbahner-Sportverein, dem Bahn-Sozialwerk und früher auch vom Werk für Feiern genutzt.

Burkhard Griese, Gruppenführer

„Geht nicht, gibt´s nicht."

Die Containerwagen aus Rotterdam haben ordentlich was abbekommen. „Die haben die voll auflaufen lassen", sagt Burkhard Griese. Die Wagen sind in sich deutlich verzogen. In den nächsten Tagen werden sie auf die Arbeitsgleise der „Gruppe Griese" gezogen und dort mit schweren Hydraulikstempeln wieder ausgerichtet.

Aufträge wie dieser sind Alltag für die Arbeitsgruppe, die im Werk Paderborn für Sonderfälle zuständig ist. Sie heißt nach ihrem Leiter schlicht „Gruppe Griese" – ein Hinweis auf die Anerkennung, die die 12-köpfige Arbeitsgruppe im Werk genießt.

Das liegt auch den Spezialaufträgen der prominenten Kundschaft. Auf Güterwagen, die die Gruppe Griese umgebaut hat, rollen Raketen, Flugzeugbauteile, Castorbehälter und Offshore-Windräder über die Schiene.

Im Auftrag der Europäischen Weltraumorganisation ESA hat die Gruppe Tieflader für die Trägerrakete Ariane umgebaut. Die Spezialanfertigungen, auf dem der Luft- und Raumfahrtkonzern DASA Bauteile für den Airbus zur Endmontage nach Hamburg transportiert, stammen aus Paderborn und die Güterwagen für die berühmt-berüchtigten Castor-Behälter sind Konstruktionen der Arbeitsgruppe. Für renommierte Autohersteller baut die Arbeitsgruppe Autotransporter um.

Die Gruppe Griese spielt in der ersten Liga der Wagenumbauer für die Schiene. Entsprechend hoch sind die Anforderungen an die Arbeit. Sie unterliegt strengen Tests und Überprüfungen. Am schärfsten waren sie bei „Castoren". Bei diesen Behältern wurde jede Schweißnaht mehrfach geröntgt.

Dass er so etwas wie eine „Wagenflüsterer" werden würde, konnte man nicht ahnen, als Burkhard Griese 1970 Azubi im Werk wurde. Wegen der Kurzschuljahre war er erst 13 Jahre alt, fast noch ein Kind. Die Arbeit an den Wagen wurde zu seiner zweiten Natur. Er arbeitete sich quer durchs Werk und qualifizierte sich zu einem hervorragenden Schweißer. „Richtiges Schweißen ist eine Kunst", sagt er.

Es ist ein handverlesenes Team, das an den sechs Arbeitsgleisen der Gruppe arbeitet, spezialisiert und hochmotiviert. Angefangen hat alles in den 1980er Jahren. Damals suchte das Bundesbahn-Zentralamt (BZA) Fachleute für die Konstruktion von Tunnelrettungswagen auf den neuen ICE-Strecken. Das Werk Paderborn erledigte die schwierige Aufgabe erfolgreich und hatte danach in der Fachwelt einen Namen. Burkhard Griese gehörte diesem Team an und ist seitdem dabeigeblieben. Seit einigen Jahren leitet er die Arbeitsgruppe.

Weil sie im Werk wissen, was sie an der Gruppe Griese haben, ist die technische Ausstattung entsprechend gut. Unter anderem stehen hier die zwei größten Hubstände des Werks, die bis zu 120 Tonnen liften. Sie werden gebraucht, weil neben den filigranen Reparaturen auch die ganz großen, schweren Arbeiten anfallen. Es gibt nichts, wovor die Gruppe zurückschreckt. Der Chef lebt diese Haltung vor: „Geht nicht, gibt´s nicht."

Auf Güterwagen, die die Gruppe Griese umgebaut hat, rollen Raketen, Bauteile für den Airbus, Castorbehälter oder auch Offshore-Windräder über die Schiene. Zur prominenten Kundschaft gehören Luft- und Raumfahrtkonzerne, die Europäische Weltraumorganisation oder große Automobilhersteller.

Musikalisches Aushängeschild

Das Blasorchester des Bahn-Sozialwerks ist in den letzten Jahrzehnten bei unzähligen Veranstaltungen aufgetreten. Die besten Zeiten erlebte die Kapelle in den 1970er und 1980er Jahren. Musiziert wird bis heute.

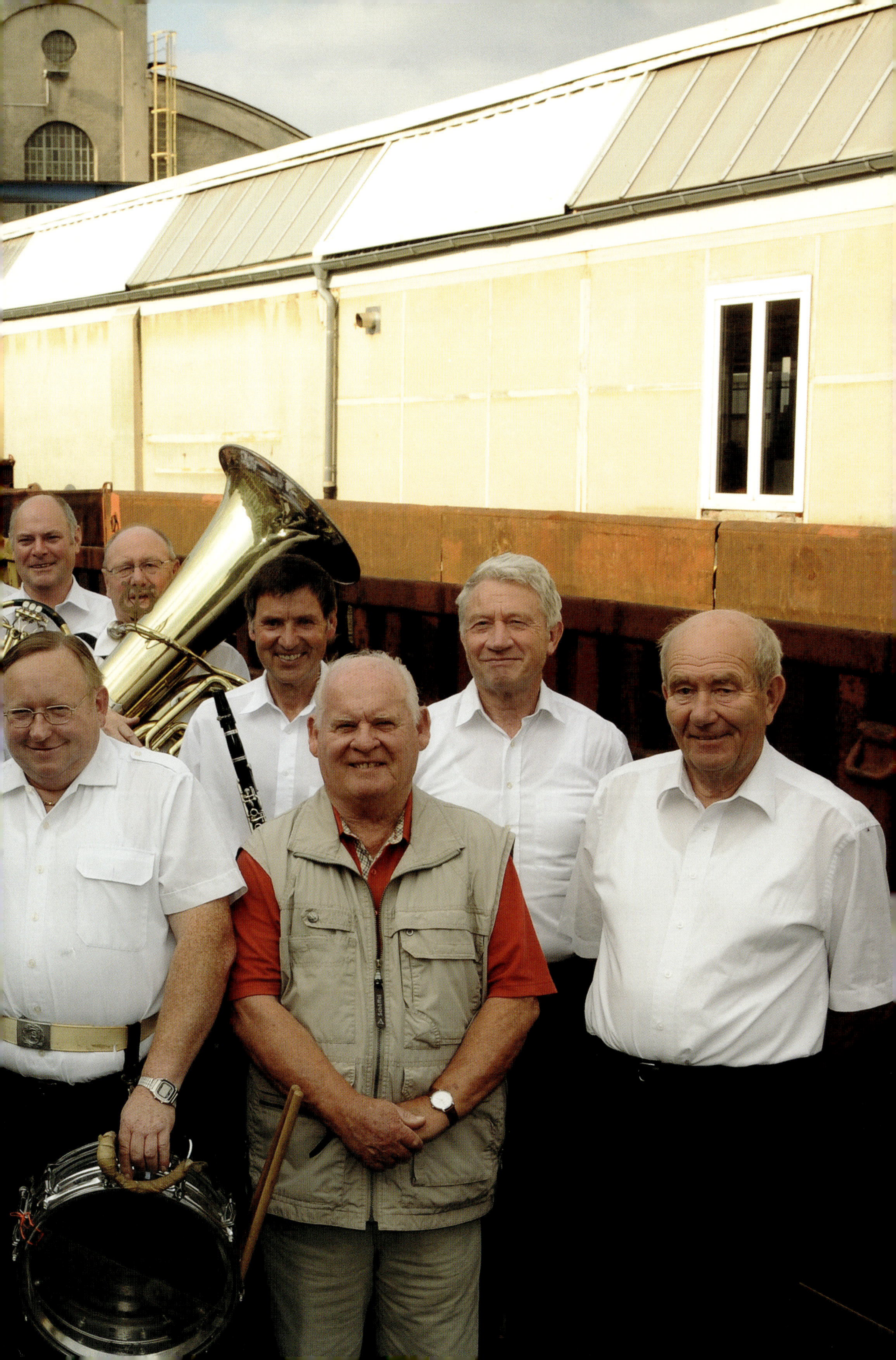

DAS BSW-BLASORCHESTER

100 JAHRE Werk Paderborn

EIN KÜCHENLEITER GRÜNDET VOR DEM KRIEG DIE ERSTE WERKKAPELLE

Am 13. Oktober 1951 war das Kolpinghaus in der Paderborner Innenstadt bis auf den letzten Platz besetzt. Ein Konzertabend mit dem Blasorchester des Bundesbahn-Sozialwerkes und dem Eisenbahnerchor stand auf dem Programm. Die Zuhörer erwartete ein anspruchsvolles Programm mit Stücken von Grieg und Wagner. Das Konzert kam gut an. Noch größer war die Zustimmung zum anschließenden Tanzabend, der die Teilnehmer noch einige Stunden „in freudiger Stimmung beieinander" hielt, wie ein Zeitzeuge in der Chronik des Blasorchesters notierte. Die Niederschrift reicht von den Nachkriegsjahren bis in die Gegenwart und spiegelt die Geschichte des Blasorchesters detailliert wider.

Sechs Jahre nach dem Krieg wollten die Paderborner sich wieder unterhalten lassen. Die Musikgruppen des Bundesbahn-Sozialwerkes rückten in den Blickpunkt des öffentlichen Interesses. In den kommenden Jahrzehnten trat vor allem das Blasorchester bei unzähligen Veranstaltungen auf: festlichen und offiziellen, internen wie den Weihnachtsfeiern und den Treffen der Ruheständler, Tanzabenden, ja sogar Radiosendungen.

Die Musikgeschichte der Bahner in Paderborn reicht zurück bis in die 1920er Jahre. 1927 entstand die erste Eisenbahn-Musikkapelle. Die 30 Musiker traten in der Uniform der Deutschen Reichsbahner auf. Gut zehn Jahre später erhielt diese Kapelle Konkurrenz. Im Reichsbahnausbesserungswerk Paderborn Nord gründete der Küchenleiter Heinrich Nolte die „Werkkapelle RAW Paderborn-Nord". Das Nebeneinander bestand bis in die Kriegsjahre. Weil immer mehr Eisenbahner eingezogen oder versetzt wurden, fehlten den Kapellen Musiker. Der Spielbetrieb wurde eingestellt.

Doch schon im Herbst 1947 wurde die Tradition wiederbelebt: Neben 20 älteren Musikern aus den Reihen der Eisenbahner musizierten im „Blasorchester des Eisenbahn-Sozialwerkes Paderborn" Männer, die nicht bei der Bundesbahn beschäftigt waren. Es handelte sich um ehemalige Militärmusiker, die bis Kriegsende einer der Militärkapellen in Paderborn angehört hatten. Auch der Leiter des neuen Ensembles, Rudolf Korpis, ein Gymnasial-Musiklehrer, war vor 1945 als Obermusikmeister der Wehrmacht tätig gewesen.

Mit diesen Profimusikern erhöhte sich das Niveau des BSW-Blasorchesters. Doch die hohen Anforderungen und das ungebrochene professionelle Selbstverständnis der Nicht-Bahner im Orchester führten in den kommenden Jahren zu manchen Konflikten und Verwerfungen. Schon bald wurde klar, dass unterschiedliche Qualitätsmaßstäbe galten. Der frühere Militärkapellmeister Korpis orientierte sich in den Proben an seinen ehemaligen Musikerkollegen aus der Wehrmacht. Mit diesem Standard konnten die Amateurmusiker von der Bahn nicht mithalten. „Es wurden nur Konzertstücke der Note Oberstufe sowie schwere Heeresmärsche geprobt und aufgeführt", heißt es in der der Chronik des BSW-Blasorchesters. Trotz interner Krisen: Das Blasorchester erfreute sich immer größerer Beliebtheit. Die Auftritte häuften sich.

> **Dem neuen BSW-Blasorchester gehörten ehemalige Militärmusiker an, die bis zum Kriegsende in Paderborner Militärkapellen gespielt hatten.**

Das Blasorchester während seiner besten Zeit, aufgenommen in den 1980er Jahren.
Foto: Werk Paderborn

Da die Kapelle in diesen Nachkriegsjahren eine der wenigen größeren im Raum Paderborn war, wurde sie zu großen Festakten und Festen eingeladen.

So begleitete das Orchester das Richtfest des Paderborner Domturmes musikalisch, die Diözesan-Kolpingstreffen in der Stadt oder die jährlichen Frühlingsfeste zu Ostern vor dem Kaiser-Karls-Bad. Wenn im Dom Blasmusik gefragt war, etwa bei Andachten oder Prozessionen, rückte das Bundesbahn-Blasorchester an. In diese Zeit fällt auch der erste Libori-Tusch, heute eine feste Tradition des Blasorchesters.

Schon 1951 hatte das Blasorchester damit begonnen, Nachwuchs auszubilden. Ausbildungsleiter wurde Anton Holtgrewe, Schlosser im Ausbesserungswerk. Er war vor 1945 Musikzugführer einer Kapelle des Reichsarbeitsdienstes gewesen. Geprobt wurde jeden Sonntagvormittag. Im Frühjahr 1953 übernahm das Orchester 15 junge Nachwuchskräfte.

Obwohl die neuen Musiker bereits zwei Jahre Ausbildung hinter sich hatten, stießen sie auf große Vorbehalte der älteren Kollegen. Immer noch schwelte der Konflikt zwischen den ehemaligen Wehrmachtsmusikern und den musizierenden Eisenbahnern. „…die Mehrzahl der alten

> Es wurden nur Konzertstücke der Note Oberstufe und schwere Heeresmärsche geprobt und aufgeführt. Damit konnten die Amateure nicht mithalten.

Musiker des Orchesters zeigte für die jungen Kollegen kein Interesse. Die jungen Leute waren nach ihrer Meinung Bremsklötze des Orchesters und hemmten nach Ansicht des Dirigenten die bisher so flüssigen und klangreinen Orchesterproben", heißt es in der Chronik der Kapelle. Die Platzhirsche setzten sich durch. Die jungen Leute verließen nach und nach das Blasorchester und schlossen sich häufig Kapellen in ihren Heimatorten an.

Die Folgen machten sich einige Jahre später bemerkbar. Zu Beginn der 1960er Jahre setzte eine große „Abgangswelle" ein. Das Durchschnittsalter der Musiker kletterte auf besorgniserregende Höhen. „Das Orchester verlor in der Folgezeit fast alle Spitzenkräfte", konstatiert der Chronist.

Jetzt machte es sich schmerzhaft bemerkbar, dass das Orchester die Ausbildung neuer Musiker nach den Erfahrungen Anfang der 1950er Jahre eingestellt hatte. Erst unter dem Alterungsdruck wurde 1963 ein neuer Ausbildungsversuch unternommen. Zu spät. 1969 gehörten dem Orchester 17 aktive Musiker und 7 Nachwuchskräfte an, 1972 waren es nur noch vier aktive Eisenbahner sowie vier Nichtei-

Diesen Auftritt lässt sich kein Musiker gerne entgehen. Die Bläser des BSW-Blasorchesters spielen den Libori-Tusch im Chor des Paderborner Doms.
Foto: BSW-Blasorchester

UNGEHEURER HÖRNER-SCHALL
DER LIBORI-TUSCH IST OHNE DAS BSW-BLASORCHESTER UNDENKBAR

Vielen Paderbornern ist das BSW-Blasorchester durch den „Libori-Tusch" bekannt geworden. Dieser mächtige dreimalige Fanfarenstoß zur Erhebung und Beisetzung der Liborius-Reliquien markiert den religiösen Höhepunkt des Volksfestes Libori. Seit mehr als 60 Jahren wird die eingängige Tonfolge vom BSW-Bläserchor geblasen. Ursprünglich stammt das musikalische Motiv aus dem Oratorium „Paulus" von Felix Mendelsohn Bartholdy.

Der satte Klang der Bläser löst unter den Gläubigen im Dom intensive Empfindungen aus, wie die Impressionen eines Zeitzeugen belegen: „... ich stand 1952 erstmals im Dom und erlebte diesen Menschenandrang mit. Ich sah, wie der Schrein aus der Krypta herausgeholt wurde, ich hörte, wie plötzlich die Orgel brauste und ein ungeheurer Hörner-Schall dazwischen stieß in einem aufsteigenden Jubel. Und mit lief es kalt den Rücken herunter, das war wie im Mittelalter."

senbahner, die selten einsatzfähig waren, und vier Nachwuchskräfte. Im Herbst zog das Orchester einen Schlussstrich und kündigte alle vertraglichen Bindungen.

DIE GOLDENEN JAHRE DES BLASORCHESTERS

Zu diesem Zeitpunkt hatte der Vorsitzende des BSW-Blasorchesters, Heinz Menne, bereits Vorbereitungen für einen Neuanfang getroffen. Er hatte Musiker angesprochen, die im Ausbesserungswerk Nord arbeiteten. Zu vermuten ist, dass unter ihnen einige waren, die Jahre zuvor als Lehrlinge im Werk eine musikalische Ausbildung genossen hatten. 25 Männer waren bereit, in der neuen Kapelle mitzumachen. Werksdirektor Josef Heinisch hatte Heinz Menne Unterstützung zugesichert. Einmal im Monat konnte die neue Kapelle während der Dienstzeit im Ausbesserungswerk proben.

Als die Dinge soweit geregelt waren, blieb nur noch der würdige Abschluss für die scheidenden Musiker. Im November wurden sie verabschiedet, inklusive „Kameradschaftsabend" im Hotel „Potthast" in Schloß Neuhaus. Die Ehrung und Verabschiedung übernahm ganz selbstverständlich der Mann, der von da ab fast ein Vierteljahrhundert lang die Geschicke des BSW-Blasorchesters lenken sollte: Wolfgang Arnicke, seit Herbst 1972 Werkleiter im Ausbesserungswerk.

Tatsächlich wurden die folgenden zwei Jahrzehnte die aktivsten und erfolgreichsten in der Geschichte des BSW-Blasorchesters. Unter Arnicke war das Blasorchester Chefsache. Kurz nach seinem Amtsantritt legte er die Rahmenbedingungen für das Ensemble fest. Die Orchesterproben fanden an jedem ersten und dritten Freitag im Monat von 14.00 bis 16.00 Uhr während der Dienstzeit statt. „Alle Musiker sind von ihren Abteilungsleitern zu dieser Probe freizustellen", legte Arnicke fest. Er forderte Disziplin und Qualität ein: „Jede Orchesterprobe ist mit einem zielstrebigen Programm zu gestalten und straff durchzuführen." Dem Nachwuchs galt besonderes Augenmerk.

Das Blasorchester avancierte zum Aushängeschild für das Ausbesserungswerk Nord. Wenn die Bahn feierte, war das Blasorchester gefragt. Mehrmals trat das Orchester im Fernsehen auf. Das alles neben dem üblichen Jahresprogramm: Libori-Tusch, Kinderweihnachtsfeiern des BSW in der Schützenhalle, Ständchen und Beerdigungen sowie die regelmäßigen Auftritte beim Sommerfest der britischen Rheinarmee in Bad Lippspringe. Auch die Begleitung der „Panzertreffen" der ehemaligen Wehrmachts-Panzer-Regimenter in ihrer alten Garnisonsstadt Paderborn gehörten zu den regelmäßigen Terminen des Blasorchesters.

Unter dem Vorsitzenden Wolfgang Arnicke wurde das Blasorchester Chefsache. Die Orchesterproben fanden während der Dienstzeit statt. Die Musiker waren von der Arbeit freizustellen.

Zum musikalischen Leiter des Blasorchesters avancierte der bewährte Dirigent Heinz Braedel, der schon bald von Ferdinand Ptacnik, einem Musikprofessor der Wiener Philharmoniker, abgelöst wurde. Nach dessen Tod 1983 übernahm zuerst Helmut Schneemelcher diese Aufgabe, um sie ein Jahr später an Alfons Kersting

Wenn die Deutsche Bundesbahn feierte, war das BSW-Blasorchester nicht weit. Die Bahndirektion Essen setzte die Paderborner Musiker gerne ein – wie hier bei einem Termin in Herford.
Foto: Johannes Wibbe

weiterzugeben. Kersting, Beamter bei der Nachrichtenmeisterei Bad Driburg, war wegen seiner musikalischen Arbeit im Bahn-Orchester Altenbeken in Paderborn bekannt. Am 5. Oktober 1984 leitete er die erste Orchesterprobe, bis heute ist er dabei. Die Kontinuität sicherte auch der Vorsitzende Hubert Bräutigam. Der Trompeter übte dieses Amt von 1979 bis zu seinem Tod 2011 aus – ein begeisterter Musiker, humorvoller Kollege und verständnisvoller „Chef".

1985, als die Bahn „150 Jahre Deutsche Eisenbahn" feierte, waren die Paderborner Musiker besonders gefragt. Im Februar musizierte das Blasorchester in Essen vor dem Kaufhaus Karstadt, denn der Konzern kooperierte anlässlich der Jubiläumsfeiern mit der Bahn. Im August folgte eine dreitägige Konzertreise nach Nürnberg zur zentralen 150-Jahrfeier. Im November begrüßte die Kapelle den neuen ICE bei der Einfahrt in den Bielefelder Hauptbahnhof. Wenige Tage später konzertierte das Blasorchester in Bad Salzuflen, als dort der ICE auf den „Adler" von 1835 traf.

„26 Konzerte, 5 Ständchen, 3 Beerdigungen, 28 Orchesterproben" vermerkte der Chronist am Ende des Jahres. Bei dieser hohen Frequenz von Konzerten sollte es auch in den kommenden Jahren bleiben – darunter auch Auftritte, die das Orchester weit über die Region hinaus bekannt machten. Der gute Ruf der Bahner hatte den WDR erreicht, der das Blasorchester 1986 gleich zwei Mal für seine beliebte Rundfunk-Sendung „Guten Morgen aus Bielefeld" engagierte. 1988, als das Ausbesserungswerk Nord sein 75-jähriges Bestehen feierte, war das Orchester nicht nur bei den Jubiläumsfeiern in Paderborn be-

> Das BSW-Blasorchester avancierte zum musikalischen Aushängeschild für das Ausbesserungswerk Nord. Mehrmals trat das Orchester sogar im Fernsehen auf - neben vielen anderen Terminen.

DAS BSW-BLASORCHESTER

100 JAHRE Werk Paderborn

Hubert Bräutigam war von 1979 bis zu seinem Tod 2011 Leiter des Blasorchesters. Auch für ihn, den Trompeter, war der Libori-Tusch der Höhepunkt des Jahres.
Foto: BSW Blasorchester

sonders gefragt. Die Bundesbahn entsandte das Paderborner Orchester zum „Fest der Europäer" in Hannover.

HARMONISCHE ZEITEN UND EINE SICH ANBAHNENDE KRISE

Das BSW-Blasorchester sei ein Aushängeschild der Deutschen Bundesbahn, lobte Wolfgang Arnicke, der größte Förderer des Orchesters, während der Jahreshauptversammlung 1986 die Musiker. Die wussten, was sie an ihrem Werkdirektor und BSW-Vorsitzenden hatten. 1986 wurde Arnicke die Ehrenmitgliedschaft angetragen, ein Jahr später erhielt er das Ehrenzeichen in Silber. Arnicke war regelmäßiger Teilnehmer der Jahreshauptversammlungen und er ließ es sich nicht nehmen, die obligatorischen Ehrungen vorzunehmen.

Harmonisch ging es auch im Orchester selbst zu. Die in besten Zeiten bis zu 40 aktiven und dazu zahlreiche passive Mitglieder unternahmen Tagesausflüge oder trafen sich in den „Garten- und Parkanlagen" des Werkdirektors am Nordbahnhof zur Grillparty. Zudem entwickelte sich eine enge Beziehung zum österreichischen Eisenbahner-Musikverein „Stadtkapelle Villach".

Auch die 1990er Jahre ließen sich gut an. Weitere Treffen mit den Freunden aus Villach waren in Planung, das Orchester erhielt neue Uniformen. Doch am Horizont zeigten sich die ersten Wolken. Das Durchschnittsalter der Musiker kletterte auf mehr als 42 Jahre. Der Nachwuchs blieb aus.

Als Bundesbahndirektor Wolfgang Arnicke am 30. August 1995 in den Ruhestand ging, verließ damit auch der „Kapellenvater" das Werk. Damit schloss sich die Nische im Betriebsalltag, die die Entwicklung des Blasorchesters erst möglich gemacht hatte. Die Freiräume wurden enger: 1994 hatte die vielzitierte „Bahnreform", die Privatisierung des Staatsunternehmens, begonnen. Wirtschaftlicher Erfolg gewann an Bedeutung. Ein „Aushängeschild" wie das Blasorchester wurde plötzlich zum zusätzlichen Aufwand.

Friedemann Hein, Nachfolger von Wolfgang Arnicke, zog die Konsequenzen. Er untersagte Orchesterproben, die während der Dienstzeit stattfanden. Darauf reagierte der Vorstand des Orchesters im Juni 1996 mit der lapidaren Feststellung „Ohne Or-

Dem damaligen Vorsitzenden Heinz Menne verdankte das Blasorchester 1972 den Neuanfang. (Foto links) Schon lange Mitglieder und heute verantwortlich für die Geschicke des Orchesters sind: Johannes Salmen (links) und Stellvertreter Karl-Heinz Nolte.
Fotos: BSW-Blasorchester (links), Flüter

chesterproben keine Auftritte möglich." Nur den Libori-Tusch sparte der Vorstand von dieser Generalverweigerung aus.

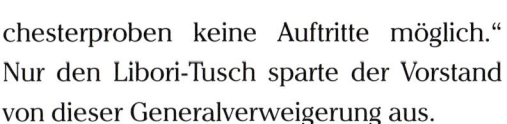

LETZTER GROSSER AUFTRITT: DIE PAPSTMESSE BEENDET EINE EPOCHE

Am 22. Juni 1996 spielte das BSW-Blasorchester den Libori-Tusch beim Besuch von Papst Johannes Paul. 100.000 Teilnehmer der Messe in der Senne bei Bad Lippspringe und Millionen Zuschauer und Zuhörer in Fernsehen und Radio wurden Zeugen des denkwürdigen Auftrittes. Es ist eine ironische Wendung in der Geschichte der Kapelle, dass dieser größte Auftritt am Ende einer langen eindrucksvollen Epoche ihrer Geschichte stand.

In den folgenden Jahren nahm die Zahl der Proben und Auftritte kontinuierlich ab. Immer häufiger mussten die Musiker ausrücken, um verstorbenen Mitgliedern den letzten musikalischen Gruß zu entbieten. Einen „drastischen Mitglieder- und auch damit verbundenen Leistungsschwund" verzeichnet die Chronik für das Jahr 2010 und konstatierte: „In der aktuellen Besetzungsliste fehlen teilweise ganze Instrumentengruppen, die für das Repertoire eines Blasorchesters einfach notwendig sind." Es fehle eine klangliche Einheit, wurde beklagt. Selbst das Ehrenmitglied Wolfgang Arnicke konnte den Niedergang seines Lieblingsprojekts nicht verhindern.

Die Mitglieder hatten sich da schon mit dem Ende der glanzvollen Zeiten abgefunden. Tatsächlich ist es heute kaum vorstellbar, dass das Ausbesserungswerk Nord jahrzehntelang ein Betriebsorchester mit bis zu vierzig Musikern unterhalten hat.

Musiziert wird dennoch weiter. „Das hat bei den Eisenbahnern einfach Tradition", heißt es. An den Feiern zum Jubiläum des Werks im September 2013 nahm das Blasorchester teil. In Zukunft soll die Kapelle wieder regelmäßig im Werk proben.

Vor allem ein Auftritt wird noch lange mit dem BSW-Blasorchester in Verbindung gebracht werden: der Libori-Tusch. Der mächtige musikalische Gruß im Dom ist ein zentrales Stück Paderborner Folklore – so wie die Musikgeschichte von Stadt und Land Paderborn in den vergangenen 70 Jahren ohne das BSW-Blasorchester nicht vorstellbar gewesen wäre.

DAS WERK

1913 – 2013 Von der Wagenwerkstätte Nord bis zur
DB Fahrzeuginstandhaltung, Werk Paderborn

Texte und Fotos: KARL-MARTIN FLÜTER
(wenn nicht anders gekennzeichnet)

Mitarbeiter der Redaktion: HANS-JÜRGEN HÖSCHEN

Korrektur: SARAH BREMSTELLER, MICHAELA BREMSTELLER,
DORIS BÖDDEKER, BETTINA SCHNIEDERMANN

Layout: KARL-MARTIN FLÜTER

Produktion: FRAUKE RICHTS

Gesamtherstellung: PRESSEBÜRO FLÜTER

Druck: LENSING DRUCK, DORTMUND

DAS WERK erscheint im
Verlag Karl-Martin Flüter
Meerschlag 39b, 33106 Paderborn
www.pressebuero-flueter.de

Der Autor bedankt sich bei:

HANS-JÜRGEN HÖSCHEN für seine aufmerksame und zuverlässige Zuarbeit.
Ohne ihn wäre dieses Buch nicht möglich gewesen.

ANDREAS GAIDT im Stadtarchiv Paderborn für seine fachliche Unterstützung
und die stete Bereitschaft zur Zusammenarbeit.

KARL-HEINZ KESSELMEIER, einem großen Kenner des Werks, der auf vieles
aufmerksam gemacht und die Arbeiten an diesem Buch stets unterstützt hat.

MARION AHLE, KARL BÜRGER, ALFONS GAUKSTERN, KARL-HEINZ HOFFMANN, KARL-HEINZ NOLTE,
FRAUKE RICHTS, der WERKLEITUNG und ALLEN JETZIGEN UND EHEMALIGEN MITARBEITERN
DES WERKS PADERBORN, die stets aufgeschlossen für dieses Projekt waren.

MICHAELA FÜR IHR VERSTÄNDNIS

ANMERKUNGEN

Der Autor konnte sich im Kapitel über den Eisenbahnerverein und das Bahn-Sozialwerk sowie im Kapitel über das BSW-Blasorchester auf die Chroniken der Ortsstelle stützen. Sie wurden zum ersten Mal für eine Publikation ausgewertet.

Der Text im Kapitel: „Das Werk. Die Geschichte des Werk von 1913 bis in die Gegenwart", Seite 14, stützt sich auf das Buch von Josef Kivelitz „Zwischen Kaiserreich und Wirtschaftswunder. Mein Leben in Paderborn", Seite 80.

Die Ausführungen über Zwangsarbeit stützen sich auf das Buch von Christa Mertens: „Zwangsarbeit in Paderborn 1939-1945." Die Zahlen über Zwangsarbeiter im Werk finden sich dort auf Seite 15.

Der Text über den Libori-Tusch auf Seite 141 gibt ein Zitat aus dem Buch von Barbara Stambolis wieder: „Libori, das Kirchen- und Volksfest in Paderborn." Das betreffende Zitat findet sich dort auf Seite 181.

Foto Titel: Stadtarchiv Paderborn / Werk Paderborn
Fotos Rückseite: Stadtarchiv Paderborn / Kleinsorge (oben) und Karl-Martin Flüter (unten)